想定外でも迷わない!

「すぐ決まる組織」のつくり方

OODA《ウーダ》マネジメント

入江仁之
アイ&カンパニー代表

フォレスト出版

OODA《ウーダ》ループは、次のような問題を抱えている組織を「すぐ決まる組織」に変えます！

◆経営幹部から末端の社員にいたるまで、他社の模倣や前例の踏襲しか頭にない
◆計画立案、書類作成、報告、決裁などに時間がかかって肝心の仕事に取り組めない
◆完璧主義の気風があるため、どんな仕事をするにも非常に時間がかかる
◆社内会議や資料作成など、社内向けの仕事に忙殺されている
◆社内は保身に走る身勝手な社員と「指示待ち族」ばかりになっている
◆せっかく採用した優秀な若手社員が不公平な人事に夢をなくして続々と辞めていく

もし、ご自分の会社がこのうちのどれかに当てはまるようでしたら、ぜひ本書をご一読ください。

ＯＯＤＡループが問題を解決してくれます。

はじめに――想定外の世界をOODA《ウーダ》ループで乗り切る！

プラットフォーム戦略、オープンイノベーション、リーンスタートアップ、デザイン思考、リモートワーク、目標管理（ＭＢＯ）、ネットワーク組織など、欧米の経営理論を表面的に理解し導入……、そして繰り返される部門異動や組織の見直し……、社員のモチベーションは度重なる朝令暮改のせいで低下する一方……。

経営コンサルタントの私は、こうした現場をこれまで何百と見てきました。

なぜ日本企業は同じような失敗を繰り返すのでしょうか？

私はシリコンバレーの企業（シスコ）で働いた経験や日米を代表する大企業（トヨタ自動車、パナソニック、NTT、日立製作所、GEなど）の現場で強み・弱みを直接議論した経験から、世界的に成功している先進的な企業が持っていて、ほとんどの日本企業が持っていない〝ある戦略理論〟の存在に気がつきました。

海外、特にシリコンバレーの企業などでは当たり前すぎて、誰も説明してくれないのですが、この戦略理論があるからこそ、欧米の経営理論が望ましい効果を生むことがわかったのです。ほとんどの日本企業はこの戦略理論を知らないで、欧米の経営理論や戦略を表面的に取り入れるだけだから、改革は常に失敗に終わるのです。

その「戦略理論」とは「OODAループ」です。

OODAループのターゲットは相手の「世界観」

敵を感知してから決断し勝つまでに40秒——ジョン・ボイド大佐が敵の戦闘機を見つけてから撃墜するまでの時間です。これがOODAループを駆使した結果です。

OODAループとは、アメリカ空軍のジョン・ボイド大佐が開発したあらゆる分野に適用できる戦略理論です。朝鮮戦争（1950〜1953年）における空中戦で、ボイド大佐が率いる部隊が味方一機につき敵機十機を撃墜したとされる、戦果をもたらした理由の研究が原点となっています。

それまでのアメリカ軍の戦略は、カール・フォン・クラウゼヴィッツに代表されるヨーロッパの戦略論に影響を受けていました。トップダウンの指揮統制を前提に、敵軍に大打撃を与えるための戦略です。しかし、これは自軍の部隊の疲弊、そして一歩間違えれば、敵のみならず味方の血の海を作ることにもなりかねないリスクの高いものだったのです。

アメリカ軍の全軍はOODAループを全面的に採用することにより、方針を敵に大打撃を与えることを目的とした「消耗戦」から、敵の指導者（意思決定者）の「戦闘意志」を喪失させることをターゲットにした「機動戦」に転換しました。

たとえば、1991年の湾岸戦争ではOODAループを採用し、クウェート側に集中していたイラク軍の裏をかきイラク領内を攻撃するという「左フック戦略」により、わずか4日で勝利しました。

また、OODAループは、NATO（北大西洋条約機構）加盟国をはじめとする西側各国だけでなく、中国やロシアをも含む世界中の軍隊で採用され、その戦略を大きく転換させました。そして、今ではシリコンバレーをはじめとする欧米のビジネス界でも基本戦略として採用され、アメリカの多くのビジネススクールで教えられています。OODAループは、「あらゆる分野に適用できる戦略の一般理論（the grand theory of strategy）」といわれています。

ＯＯＤＡループは、次の５つの思考プロセスからなっています（図１）。

みる（見る、観る、視る、診る）：Observe

わかる（分かる、判る、解る）：Orient

きめる（決める、極める）：Decide

うごく（動く）：Act

みなおす（見直す）／**みこす**（見越す）：Loop

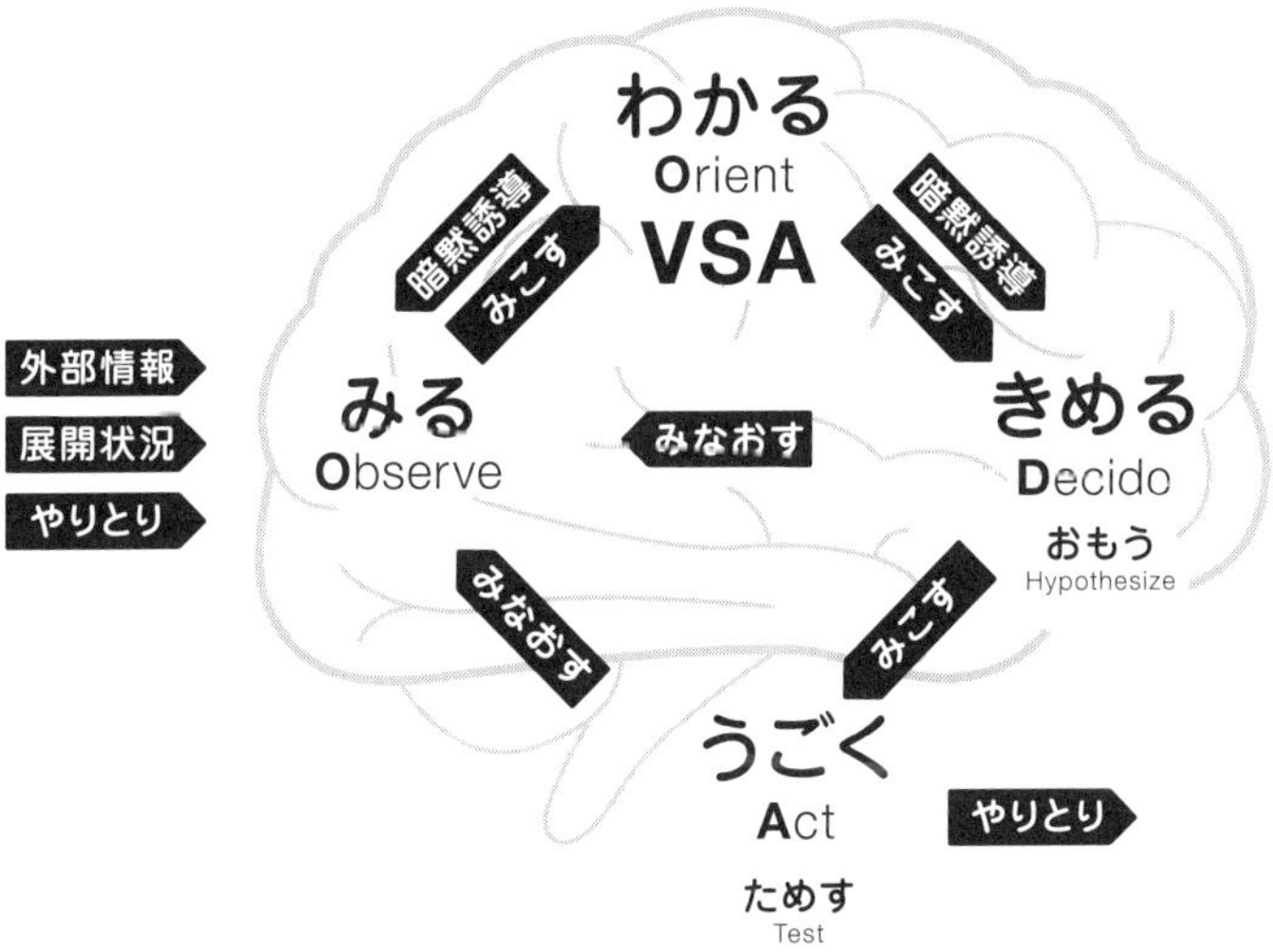
わかる
Orient
VSA
暗黙誘導
みこす
暗黙誘導
みこす
外部情報
展開状況
やりとり
みる
Observe
みなおす
きめる
Decide
おもう
Hypothesize
みなおす
みこす
うごく
Act
やりとり
ためす
Test

図1　OODAループ

組織に適用されるOODAループは、組織が常に変わり続ける状況に対応するための戦略理論です。自分の世界観を持ち、その世界観をそのときの状況や相手の状態に合わせて更新しながら、考え、行動します。軍事でいえば「敵の戦闘意志」、ビジネスでいえば「相手（顧客やライバル企業）の思い」を探りながら、相手の心をどのような状態にするかを決めて動きます。

たとえば、接客サービス業であれば、「顧客をいかに感動させるか」を最優先に考えます。顧客を感動させるためにどうしたらいいいか——顧客が感動する一例としては、喜びや心地良さなどのプラスの感情を自分の親しい人たち（恋人、家族、学校の友人、職場の同僚など）と共有できるかどうかがあります。

では、目の前にいる顧客はどのような人びととどのような感情を共有したいのか——これが顧客1人1人の世界観です。この世界観をできるだけ早く見つけ出して、顧客の願いを実現するのが最高のサービスです。

もう少し具体的にお話ししましょう。接客サービス業のホスピタリティを紹介するときに、次のようなエピソードがケーススタディとして使われることがよくあります。

タイトルをつけるとすれば「今は亡き子どものお子様ランチを提供すべきかどうか」といったところでしょうか。

あるレストランに一組の夫婦がやって来ました。彼らは自分たちの料理のほかに「お子様ランチ」を1人前注文します。しかし、子どもはいません。

このレストランでは、「お子様ランチ」は子ども限定のメニューと決まっています。接客したスタッフはそのことを夫婦に伝えつつ、注文した理由を尋ねました。

すると、彼らの子どもは数年前に病気で亡くなったのだが、亡くなる前に子どもとこのお店に来ることを約束していて、今日は子どもの誕生日だった――こうした場合、スタッフは店のルールを理由にオーダーを断るべきでしょうか？　それともルールに逆らって「お子様ランチ」を提供するべきでしょうか？

このケーススタディでは「接客とは何か」ということが問われているため、場所の設定がテーマパークやレストランなどに変えられて、さまざまな研修の現場で使われているようです。もちろん、接客サービス業のホスピタリティからすれば、この場合はお店のルールよりも夫婦の望みを優先して、「お子様ランチ」を提供することが正解になります。

このスタッフの行動をOODAループに即して説明すれば、「今は亡き子どもとの思い出を夫婦で共有したい」という世界観に合わせて、「幸せ」の象徴である「お子様ランチ」を提供することによって、彼らを感動させたということになります。

「夢のビジョン」を共有することで組織は大きく変わる

こうしたサービスを現場の判断だけで提供できるようになるためには、経営者とスタッフが「ビジョン：Vision（世界観）」を共有する必要があります。

皆さんもビジョンという言葉をよく耳にされると思いますが、実は英語の「Vision」という言葉には、日本語の「ビジョン」では伝わらないニュアンスが含まれているのです。

たとえば、私がかつて戦略担当部門のマネージングディレクターとして働いていた世界最大のネットワーク機器会社シスコの「Vision」は、「人々の仕事、生活、学び、遊びのあり方を変える」というものです。

また、世界最大のEC企業アマゾンは「私たちのビジョンは、地球で最も顧客中心の企業であることです。人々がオンラインで購入したいと思うどんなものでも掘り出し見つけ出せる場所を作ります」という「Vision」を掲げています。

このように本来の「Vision」は〝具体的な夢〟をさす言葉なのです。そこで、本書では「夢のビジョン」という言葉を使って説明することにします。

簡単に言えば「夢のビジョン」とは、「顧客に感動を提供する」とか「社会に貢献する」、あるいは「顧客価値を向上させる」といった夢や理想の状態を、それぞれの企業の事業領域に合わせて言い換えて、設定することです。組織のメンバー1人1人が行動する際に、自分の行動が「夢のビジョン」とヒモづいているかどうか、判断の基準にするのです。

さて、次はアパレルストアのケースでOODAループを見てみましょう。

あるアパレルストアで働く店員はお客様のニーズ（気持ち）を考えずに、「店内の在庫をどのように売りさばくか」という「企業志向」に支配されていました。

しかし、当然のことながらお客様はまったく別のことを考えています。アパレルストアを訪れるすべてのお客様は「自分が着たい服」がほしいだけです。そのため、この店員が在庫をさばくためにいくら服を売りつけようとしても、お客様がほしいと思わない限り、売り込みは失敗します……。

もし、この店員のＯＯＤＡループに即して行動したらどうなるでしょうか。

1 店員が所属する会社が「夢のビジョン」を「お客様が心を動かす体験を提供する」と設定していたとします。この「夢のビジョン」を社員全員で共有していれば、店員はその「夢のビジョン」に基づいた行動をとるでしょう。

2

この店員があるお客様から、「これまでは学生生活の延長線上の友人が多かったが、今では高級ホテルなどにも出入りするような社交的なグループとの交際も増えてきた。このため、遊び心はほしいものの、ジャケット中心のファッションへの移行が必要になった」という話を聞きました（お客様をみる：Observe）。

3

そのお客様の世界観は「高級ホテルなどにも出入りするような社交的なグループと付き合うのにふさわしい（彼らから一目置かれる）品質、デザインの服を提供してほしい」であることがわかりました（わかる：Orient）。

4

店員は、お客様の世界観にマッチした服を提案し、喜んで買ってもらうことができました（きめる、うごく：Decide、Act）。

　また、OODAループを利用することで、新たなイノベーションが生まれる可能性もあります。

1
先ほどと同じく、会社は「夢のビジョン」を「お客様が心を動かす体験を提供する」と設定していて、それを社員全員で共有しています。

2
店頭でのお客様とのやりとりやネットでアンケートを集めた結果、多くのお客様がこのブランドの品質やデザインには満足している一方で、トータルコーディネートや、保管場所などのメンテナンスに手間を感じているということが判明しました（お客様をみる：Observe）。

3 つまり、お客様は「必要なタイミングで必要な服だけ提供してほしい。また、服の管理にできるだけ手間をかけたくない」と考えていることがわかりました（わかる：Orient）。

4 そこで、ある社員が次のように考えました。「お客様が心を動かす体験を提供する」という自社の「夢のビジョン」を出発点にして、「服を売る」だけではなく、トータルコーディネートやメンテナンスまで含めたサービス商品を提供したらどうか。たとえば、毎月一定の料金で、頭の先から足元まで、髪型や季節に合わせた衣料、そして靴までが提案される「サブスクリプション（定期・定額利用）」サービスを提供したらどうかと考えたのです（きめる：Decide）。

5 この社員は自分のアイデアを社内で提案しました（うごく：Act）。すると「季節ごとに提案するのはどうか？」とか「通販サイトを展開するのはどうか？」

など、「夢のビジョン」を共有するほかの社員たちからイノベーションにつながりそうな画期的なアイデアが次々に出てきました。

6

これらのアイデアが採用されれば、会社のビジネスモデルは大きく見直されることになるでしょう（みなおす:Loop）。これらの行動はすべて「夢のビジョン」から生まれました。

たとえここまで大きな話にならなくても、「夢のビジョン」にのっとってＯＯＤＡループを運用すれば、何か想定外のことが起きたとしても、個々の社員が自分の判断に基づいて、どうするかをすぐに決めることができますし、成果をあげることができるでしょう。

そして、そのような組織文化を持つようになると、商品や商品のデザインだけではできなかった本当のブランドがつくり出され、成長していくのです。

自律分散組織になることで生産性が大幅にアップ！

ジョン・ボイド自身はビジネスについて多くを語っていません。しかし私は、彼が残したプレゼンテーション資料や論文、参考にした文献、そしてボイドの同僚や、この分野の専門家が書いた数百におよぶ書籍などを読み進め、また交流することで、ボイドがどのような思考プロセスを経てOODAループの本質にたどり着いたかがわかりました。

私たちアイ&カンパニーは、2005年からOODAループをビジネスの現場に導入するお手伝いをしています。クライアント先の業種は、自動車、電機、産業機器、建設、ハイテク、製造、サービスなどの多岐にわたり、そのほとんどが大手企業です。これら企業のほぼすべての部門に対して、OODAループを実践するためのアドバイスをしています。

ＯＯＤＡループの導入を通じて、私たちは大企業病に悩む多くの日本企業に対し、自律分散組織への転換を提案し、そのお手伝いをしてきました。その結果、それまでいくらがんばっても報われなかった企業のすべてが加速度的に生産性を向上させています。あるクライアントは、ＯＯＤＡループを導入してからは毎年20パーセント前後の生産性向上を果たし、10年で生産性が10倍以上になりました（ここでいう「生産性」とは、その組織の労働時間を分母に、売上高を分子にした「労働生産性」です）。

さて、私たちがＯＯＤＡループをコンサルティングする際には、最初にワークショップを通して「夢を考えて仕事をしよう」ということを全員にお伝えして、まず社員１人１人に自分が仕事で実現したい「夢のビジョン」を書いてもらいます。

しかし、「夢」と言われると、ほとんどの方がキョトンとしてしまいます。なぜなら誰もが夢など考える余裕がなく、仕事に追われているからです。

「夢のビジョン」といっても、大げさなものではありません。自分が今勤めている会社が社会や顧客に対してどのような貢献をするのか、そして自分が5年先以降に実現したい夢を書くだけです。

もし会社のビジョンが自分にとって価値のある「夢のビジョン」とマッチするのであれば、そのビジョンの実現が自分の目標となります。**「夢のビジョン」を設定することで、企業のビジョンと顧客本位の行動をヒモづけることができ、組織が進むべき方向性が明確になります。**これにより従業員たちは「顧客志向」になり、組織は次第に個々のメンバーが主体的に動く、ワクワクする「自律分散組織」に変化していきます。

先行きの見えない世界は「ＶＵＣＡ」フレームワークで「見える化」する

クライアント先の企業でＯＯＤＡループと「夢のビジョン」の話をすると、優秀な従業員を中心に次のような声が聞こえてきます。

「経営戦略理論を聞いてしっくりきたのは初めてです」

「これまで自分なりにやっていたのは、ＯＯＤＡループだったんですね」

この延長線上で質問されるのが、ＰＤＣＡについてです。

ＰＤＣＡとは、「プラン（Plan）」「ドゥ（Do）」「チェック（Check）」「アクション（Action）」の頭文字をとった、「計画をもとに行動し、チェックして、改善する」という戦後日本型の生産技術における「継続的改善手法」です（日本で作られたため「アクション」だけが名詞になっています）。

日本では生産の現場だけではなく、政府レベルから企業のイノベーション、製品開発、そして教育の現場まで、さまざまな分野のさまざまな現場にＰＤＣＡが導入されています。

しかし、実際に聞こえてくるのは「ＰＤＣＡのやり方がピンとこない」「きちんと回せていない気がする」という声です。

ＰＤＣＡは心や感情などの人間的な要素を排除して、計画が完璧であることを前提にそれに従うことを求めます。必要なデータを収集・分析して、目標を設け、その実行結果を検証します。つまり、すでにやり方が確立された生産の現場を管理するツールです。それ以外の現場に適用しようとすると、人間の思考のように数値化できないものまで分析して計画することになってしまうので、実は不適切なのです。

ＰＤＣＡは、想定外を前提としているＯＯＤＡループとは違い、想定外を前提としない管理手法なのです。

さて、ここで確認しておきたいのは「想定外」という言葉です。日本人はビジネスの現場でよくこの言葉を使いますが、「ＶＵＣＡ（ブカ）」という世界観を通じて、「想定外」を見てみると、ＰＤＣＡでは対応できる範囲が狭すぎることがわかります。

VUCAとは、まさに今、私たちが生きている（先行きが予測できない）現実の世界を表す言葉です。最近では、現実の世界を「ＶＵＣＡの時代」とか「ＶＵＣＡワールド」と呼ぶようになっています。VUCAは、「現在の状況をどれだけ知っているか」「行動の効果をどれだけ予測できるか」という2つの軸に基づいて、次の5つのレベルに分けることができます（図2）。

レベル0

安定：**Stable**

前例の踏襲や他社の模倣をしていればいい、状況が安定している事態。

レベル1

不安定：**Volatile**

状況は不安定だが、通常の対応で済むと判断できる事態。

レベル2

不確実：**Uncertain**

状況が不安定であると同時に、行動の効果の変動があるため、予測不能の事態。

レベル3

複雑：**Complex**

これまで直面したことのない新しい事態だが、これまでの行動の効果の実績から新たな事態に対する行動がどのような効果をもたらすか、ある程度は予測可能である事態。

レベル4 曖昧《あいまい》：Ambiguous

これまで直面したことがない新しい事態で、因果関係がまったく不明。そして対応方法も先例がなく、対応策がわからない事態。

このうち、ＰＤＣＡが有効な世界はレベル０（安定：Stable）だけです。レベル１からレベル４までの「想定外」の世界にはＯＯＤＡループが有効です。事態にどのように対処したらいいか、どのように適応したらいいか、どのようにリーダーシップを発揮したらいいか――ＶＵＣＡのレベルを識別し、どのような行動をとればいいかのヒントを与えてくれます（ＯＯＤＡループとＶＵＣＡの関係については、第２

章で詳しく解説しています)。

また、OODAループが全体最適の思考であるのに対して、PDCAは部分最適の思考であり、実は両者は補完し合う関係にあります。そのため、OODAループがわかるとPDCAもわかってくるのです。

では、実際にOODAループはどう使うのでしょうか?

実は、人間であれば誰もがOODAループで思考しています。OODAループを使うかどうかという以前に、**OODAループは人間の認知行動をモデル化した戦略理論**なのです。ポイントは、自分がOODAループにしたがって思考していることを意識すること、そして、OODAループの各プロセスにおいてどのように判断したらいいかを学び、身につけることです。そうすることで、想定外の事態が発生しても、迷わずに行動できるようになります。

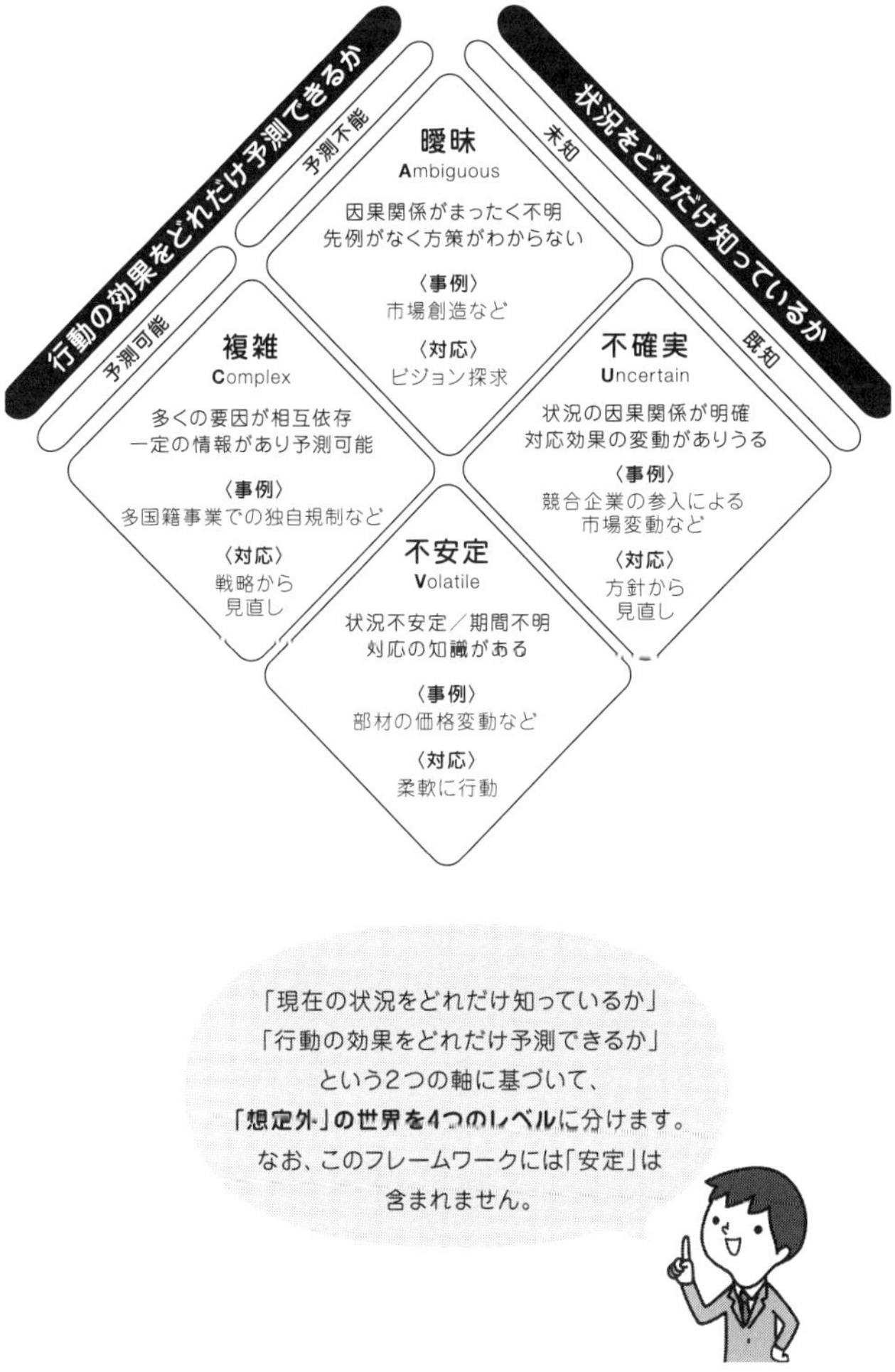

図2　VUCAフレームワーク

OODAループは実際にどのように運用するのか？

先ほども言いましたが、組織に適用されるOODAループとは、組織が常に変わり続ける状況に対応するための戦略理論です。

組織と個々のメンバーが世界観「夢のビジョン」（5年先以降の目標、たとえば社会貢献、顧客価値の向上など）を共有し、その世界観を状況や相手に合わせて更新しながら、「相手（顧客やライバル企業）の思い」（＝相手の世界観）を探り、相手の心をどのような状態にするかを決めて動くことです。

たとえば、接客サービス業であれば、顧客が親しい人たち（夫婦や家族、友人、同僚など）と感動を共有するにはどうしたらよいかを直観的につかみ、その実現に努めることです。

さて、ＯＯＤＡループを組織が実際に活用するには、それを補完するいくつかの思考やシステムが必要になります。

まず、ＯＯＤＡループを組織内で一貫したものとするために「夢のビジョン（Ｖ）」「戦略（Ｓ）」「行動方針（Ａ）」からなる『世界観：ＶＳＡ』を共有します。

次に自ら考える組織であるために、「人事制度：ＧＰＤＲ」を導入して、個々のメンバーを公平に評価することが必要です。そして、「行動原理：ＰＭＱＩＲ」により、組織のムダを明らかにすることで、生産性を向上させます。

このことを、軍事作戦にたとえて説明すると次のようになります。

ある国の軍隊は「夢のビジョン（Ｖ）」という大義を持っており、それに基づいて「戦略（Ｓ）」を共有しています（世界観：ＶＳＡ）。

実際に、現場で軍事行動を展開するのはOODAループの機能を装備した戦闘機に乗ったパイロット（OODAループを使う社員、マネージャー、経営者）です。

この軍隊は、「世界観：VSA」にヒモづいた行動をとるように士気やモチベーションや克己心の向上について、日頃から訓練されています（人事制度：GPDR）。

最新鋭ステルス戦闘機（単座機）は全周囲捜索・追尾装置でいち早く周囲の敵を探知します。ターゲットは相手の世界観です。諜報機関などとも連携して敵の指導者に「負けた」「白旗をあげてもよい」と思わせるためにはどうすべきかを探ります。そして敵の「戦闘意志」を裏づけているものは何か、想定される敵の世界観とヒモづけて探ります。水や食料、弾薬などのロジスティクス（兵站）や指令系統を分断、破壊する、指導部を素早く除去する……などが考えられます。

戦闘行動の基本設定として「行動原理：PMQIR」が用意されていますが、状況は刻一刻と変わります。「想定外」の事態を想定し続ける世界観「VUCA」（状況想定・分析、状況の判断）に基づいて、「戦略（S）」シミュレーションを常に行ない、世界観をみなおしていきます。

そして「想定外」のレベル（VUCA）に合わせて、「戦略（S）」や「行動方針（A）」を柔軟に変更していきます。場合によっては、現在の「行動方針（A）」のもとになっている「戦略（S）」を破棄して、別の「戦略（S）」を採用するケースも出てきます。

こうした一連の思考により、敵を探知してから攻撃するまでを40秒で完遂できるというのがOODAループです。

任務が終わったら、その経験をもとに「世界観：VSA」とOODAループはともに更新され、最新の知見が組織全体で共有されることになります。このため、パイロットが入れ替わっても、常に最新の状態で敵と向かい合うことができます。

第1章ではOODAループにおいて特に重要な最初の2つのO（「みる：Observe」「わかる：Orient」）を中心に解説します。第2章ではOODAループの「きめる：Decide」に必要な「世界観：VSA」を、第3章ではOODAループを十分に発揮するための「人事制度：GPDR」を解説します。そして第4章では、生産性を向上させる「行動原理：PMQIR」の事例を紹介します。最後の第5章では、OODAループの組織における成功原則12個を日本型組織の典型的な症状とともに紹介します。

目 次

第1章 想定外の事態に威力を発揮するOODAループ

第2章 「世界観:VSA」を全員で共有することで、組織は大きく飛躍する!

第3章

「自ら考える」モチベーションの高い組織を作る「人事制度：GPDR」

日本型組織の症状 その7

社員は空気を読んで忖度ばかりしていて、「顧客を感動させる」という目標を忘れていませんか？ 219

成功原則 その7 「心・感情：脱固定観念の原則」

日本型組織の症状 その8

社内が「指示待ち族」ばかりになっていませんか？ 自分の評価を高くしてもらおうといった利己的な風潮を助長するような社内の評価制度になっていませんか？ 220

成功原則 その8 「主体性：自律分散の原則」

日本型組織の症状 その9

社員全員が「自分だけが評価されればいい」といった身勝手な風潮になっていませんか？ 222

成功原則 その9 「チーム：自他非分離の原則」

構成　松井克明
ブックデザイン　bookwall
本文イラスト　トツカケイスケ
ＤＴＰ制作　津久井直美
プロデュース／編集協力　貝瀬裕一（ＭＸエンジニアリング）

第1章

想定外の事態に威力を発揮するOODAループ

OODAループは次のような "決まらない／決められない" 組織を劇的に変えます

●環境変化への対応、イノベーションが緊急の課題である組織

「みる：Observe」を適用

・他社の模倣や前例の踏襲ばかりしている
・新しい事業の立ち上げをしている社内ベンチャーだが、旧態依然の組織とオペレーションのためチャレンジがしづらい
・新業態の参入による市場の変化を感じているが、どうしたらいいのかわからない

●決断や行動のスピードが致命的に遅く、低迷する組織

「わかる：Orient」を適用

- 計画立案、書類作成、報告、決裁などに時間がかかる
- メンバーがお互いに空気を読んで忖度《そんたく》ばかりしている
- 社内が「指示待ち族」ばかりになってしまった

●意思決定できない組織

「きめる：Decide」を適用

- 情報収集・分析に延々と時間がかかっている
- 代替案を十分に比較分析してからでないと意思決定できない

●現場の感覚からかけ離れた組織

「うごく：Act」を適用

- 現地・現物での検証が軽視されている
- 経営と現場との間に心理的な距離がある

- 営業など顧客接点の現場と開発部門、生産部門が対立している

● 後ろ向きの責任追及・責任転嫁の空気の組織

「みなおす／みこす：Loop」を適用

- 内向き思考に陥っている
- 減点方式の人事評価の風土が染みついている

事例 自前主義の呪縛から抜け出し、生まれ変わった製造業R社

〈OODAループ導入前〉

これまで自前主義の研究開発（R&D）で製品開発を続けてきた製造業R社。か

っては粗利益率も高く、成長を続けていました。しかし、いつしか顧客利益の視点よりも自社技術の提供を優先する視点に陥っていました。「顧客が喜ぶ製品」ではなく、「自社が作ることのできる製品」をいかに売り込むかという姿勢になってしまっていたのです。

こうした組織で出世するのは、空気の支配による「精神論的な思考」の持ち主です。R社でも「信念」で出世した部門長に対して、本来ならば補佐すべき部下たちが何を言ってもムダだというムードに包まれていました。社内で重視されるのは、「顧客の利益」ではなく、「部門長の信念」になってしまっていたのです。

社内は外部の環境を軽視し、主観的な戦略が支配する風潮になっていました。そのため、新興国から参入してきた競合他社の力を過小評価し、自社の力を過大評価していました……。従業員は誰もが会社がつぶれることはないと楽観的でしたが、実際には業績は徐々に下がりはじめていたのです。

〈OODAループ導入後〉

OODAループの導入により、外部の動向を感知する機能を強化することにしました。市場の変化に気づいたり、顧客の声を聞いたりするために、重要顧客を「ヘッドピンアカウント」として選定し、そのニーズを検証する仕組みを導入しました。

ヘッドピンアカウントとは、その顧客が動くとその業界全体がついてくるような影響力がある顧客のことです。ボウリングで倒すとストライクになるピン、つまりヘッドピンにたとえています。

また、インテリジェンス機能を持つ専門組織「マーケットインテリジェンス（MI）部門」を設けました。この部門が各地域のマーケットリサーチを行なったり、コンタクトセンターなどにもたらされる顧客のインサイトを集中的に収集したりすることで、技術と顧客の動向の両方を捉えられるようにしました。

そして象徴的な変化は経営陣の席です。それまで経営陣は役員専用フロアに陣取っていました。これでは経営陣の耳に入ってくる情報は偏ったものになりがちです。フェイスブックの社長やニューヨーク市長の例にならって、役員たちが現場の動きを肌で感じ取れるように、一般社員が業務を行なっているフロアの中央に移ってもらいました。

その後、改革が社内に浸透することで、組織全体の意識が変わり、同社の業績は大きく上がりました。

OODAループの真のターゲットは「顧客の感動」

OODAループをひと言でいうと、「夢のビジョン」に結びついた行動かどうかを組織のメンバー1人1人が、その場で、その瞬間に判断して、行動することです。

組織のメンバー1人1人が、**自分の世界観をしっかりと持った上で、相手の世界観をしっかりと見据えて、相手の心をターゲットにして決断・行動することです。**

たとえば、軍事の場合、相手は敵国の軍隊ではなく、彼らに命令を下し、動かしている指導者です。軍隊を撃滅するのではなく、指導者の世界観を調べて、その戦闘意志を打ちくだく（戦争をやめさせる）ことが目的になります。

一方、ビジネスの場合は、顧客（あるいはライバル企業、自社の株主、自分の上司など）が相手になります。顧客の世界観をきちんと把握した上で、顧客を感動させ、その心を動かすことが目的になります。

ＯＯＤＡループの５つの思考プロセスを企業の活動に当てはめて説明すると、次のようになります（図1−1）。

みる（見る、観る、視る、診る）：Observe

「みる」とは観察したり、本質を見極めることで、判断に必要な情報を集めることです。

たとえば、①顧客のニーズを把握する、②マーケットの流れをつかむ、③現地・現物で感性を総動員して観察し、市場の潮目の変化に気づき、自社の状態を診断し、問題を認識します。

具体的には、Ｗｅｂサイト、ＳＮＳ、ＩｏＴ（モノのインターネット）などの情報源も重視し、顧客の発するコメントなどをＩＴにより常時モニタリングします。

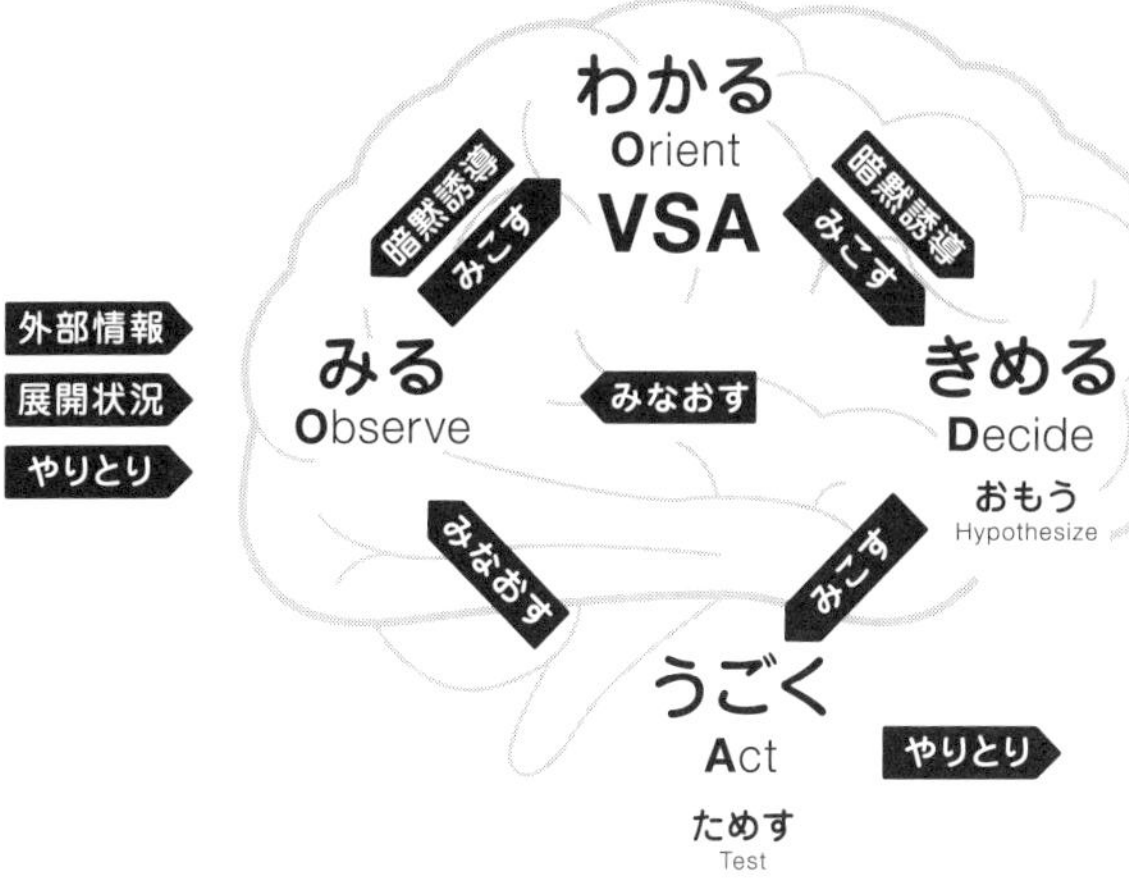

図1-1　OODAループ

わかる（分かる、判る、解る）：Orient

「わかる」とは、「世界観」を作り、それを更新していくことです。

自分の「夢のビジョン」をもとに、その実現手段である「戦略」を具体化するための「行動方針」を頭の中で描くことです。そして、思い込みを捨てて、相手の世界観に対応した行動を起こせる心理状態になるのです。

世界観を持つことで、「みた」世界がどのような状況かをより正確に把握することができます。同時に、相手の世界観を解明することもできます。

きめる（決める、極める）：Decide

一般的に「きめる」には、直観によるものと論理的な意思決定によるものの２つがありますが、ＯＯＤＡループの場合は直観で判断することが優れているとされます。直観は世界観から生まれてきます。「確信が持てない」、つまり「わかる」の状態に達していない段階では、世界観に基づき、仮説を作って、それを検証するようにします。そして検証の結果を分析した上で意思決定をします。

うごく（動く）：Act

「うごく」とは、実行すること、あるいは仮説を実際に検証することです。実行するときには失敗を恐れてはいけません。また、無心でやり切る自己統制力の強さ、克己心が必要になります。もちろん、感情のおもむくままに無自覚に動いてはいけません。

みなおす（見直す）／みこす（見越す）：Loop

「みなおす」とは、「うごく」を終えたあと、あるいは「うごかない」と決めたあとに、もう一度みて、行動方針や戦略を見直すこと（フィードバック）です。場合によっては、「夢のビジョン」までも見直すことがあります。これを「ダブルループ学習」といいます。ループを回すことで、固定観念となってしまいがちな世界観を見直し、必要であれば前提条件までも見直し、変更することもあります（「みる：Observe」に戻る）。

たとえば、ある行動が想定外の結果（失敗）に終わった場合には、その状況に適応するために、それまでの世界観を見直す必要があります（フィードバック）。

また、「みこす」とは、「みる」から「わかる」に移る間、「わかる」から「きめる」に移る間、そして「きめる」から「うごく」に移る間のフィードフォワード（見越す）のことです。「次の段階でどうなるか？」ということをシミュレーションして、メンタルイメージを持ってイメージトレーニングします。

OODAループにおいて特に重要なのは、2つ目のO（「わかる：Orient」）です。「ビッグO」といわれています。

OODAループの「みる：Observe」では、「状況をどれだけ知っているか」を「わかる：Orient」により、世界観に当てはめて把握します。環境の変化に対応するためには、自分や組織が置かれた状況を常に正確に把握するようにします。

この「みる」を採用している企業で有名なのはトヨタです。

トヨタには〝5回の「なぜ」分析〟があります。「なぜ？」という問いかけを5回繰り返すことで、問題を見つけ出すことを推奨し、「その問題の真因は何なのか？」ということを徹底して議論するカルチャーを持っています。

トヨタのグローバルビジョンは「笑顔のために。期待を超えて」「未来のモビリティ社会をリードする」です。自社ではなく、「顧客が何を必要としているか？」という視点から、世の中を見ています。

次に「わかる：Orient」で、「行動の効果がどれだけ予測できるか」を判断します。人間は同じものを見ていても、人によって見え方が違います。これは各人のわかっている内容（世界観）によって、状況の捉え方が違ってくるためです。自分の考え方を優先しすぎてしまうと、世界を見失うということがよくあります。よくある「思い込みだけで走ってしまう」という状態に陥ってしまいます。

ビジネスでは、自分の認識を顧客のニーズに合わせること、つまり顧客本位の発想が重要です。「自分の考え方を優先しすぎてしまうと、世界を見失う」というのは、本章の冒頭で取り上げた「【事例】自前主義の呪縛から抜け出し、生まれ変わった製造業R社」がまさにその状態に陥っていました。同社は内部で幅をきかせていた「部門長」重視の考え方を「顧客」志向に転換することで大きく変わったのです。ジョン・ボイドは、「人間は、変わり続ける現実の世界を的確に捉えることはできない」という前提に立ち、それでも「認知バイアスをできるだけ排除して実世界を把握することに務めなくてはならない」と指摘しています。

さて、ここまで読んで「むずかしそう」と思った方がいるかもしれませんが、もっと単純にいうと、OODAループとは、実は誰もが日常的に使っている思考の仕方、方法なのです。

「みる」「わかる」「きめる」「うごく」「みなおす／みこす」を図1－1で説明しています（55ページ）。脳の活動を見ると、目と後頭部の視覚野で「みる」。大脳皮質で「わかる」。大脳皮質と脳幹をつなぐ大脳基底核で直観的に「きめる」。「うごく」のは脳幹から全身に伝わっていくわけです。

そもそもOODAループは生死をかけた戦闘の中から生まれたため、人間の根源的な思考をベースにしているのです。

OODAループのルーツは『孫子の兵法』と『五輪書』

ジョン・ボイドがOODAループを開発するにあたり、大きな影響を受けたのは、クラウゼヴィッツをはじめとするヨーロッパの戦略論だけではなく、孫武の『孫子の兵法』と宮本武蔵の『五輪書』といった東洋の兵法でした。特に、OODAループの理論と『孫子の兵法』を読み比べると、組織の戦略論において多くの共通点が見られます。

西洋の戦略論は、武力で敵を圧倒することを中心に考えられてきました。一方、『孫子の兵法』は、敵を壊滅させることの意味から問います。後者の場合、敵と味方の双方の心理にまで思考の対象がおよびます。

ボイドは、これら東西の戦略論を取り入れることにより、世界中の軍隊の戦略を転換させるほどの結果を出しました。

ただし、ボイドはわれわれに「孫武やクラウゼヴィッツの門下生にならないように」という忠告を残しています。つまり、孫武やクラウゼヴィッツの理論が完成してから、長い年月が経過しており、世界は大きく変化しているため、理論を鵜呑みにしてはいけない、常に見直されなければならないという意味です。

自分の認識を世界に合わせること――これはボイドが初めて言ったことではありません。たとえば、宮本武蔵は『五輪書』の「火の巻」では次のように言っています。

「物事の景気といふ事は、我智力つよければ、必ずみゆる所也」
（物事の景気は自分の智力さえすぐれていれば、必ずみえるものなのである）

「敵になるといふは、我身を敵になり替へて思ふべきといふ所也」
（敵になるということは自分の身を敵の身に置き換えて考えることをいう）

（鎌田茂雄訳、講談社学術文庫、１９８６年）

つまり、武蔵も「自分と相手の客観的な位置づけを理解しよう」と言っているのです。

実は、OODAループの原点は武蔵の『五輪書』にあるのです。ボイドは『五輪書』を熱心に読んでいました。そのためOODAループは『五輪書』にあやかって5つの項目で構成されているのです。

日本は鎌倉時代から武士の国でした。武士道では品格を重んじ、現実の中に本質を見て、効果的な行動をとることが受け継がれてきました。ボイドは、このような日本の兵法と武士道の大ファンだったのです。

しかし、特に昭和初期になってから、日本人は忠誠心を過大に重視して組織を運営するようになってしまいました。そのため、旧日本軍に代表されるように、日本の組織はどんどん弱体化していったのです。常に組織内の空気を読むことを要求され、現実からかけ離れた楽観的な状況認識に基づいて、あらゆる行動が決められました。その結果、わが国は非常に悲惨な形で敗戦を迎えることになりました。

戦後になってからも、このような楽観的な状況認識、精神論、理不尽な忠誠心などは見直されることがなく、日本の組織に残っています（このことは皆さんにも共感していただけると思います）。こうした日本型組織の意識にマッチした手法がPDCAなのです。

実は、PDCAを発明したのは日本人だった!?

実は、PDCAという言葉は日本人が作ったのです。

戦後1950年に、来日した統計学者デミングによる「統計的品質統制（SQC：Statistical Quality Control）」をテーマにした講演がきっかけです。デミングは師であるウォルター・シュワートの「仕様（Specification）→生産（Procuction）→検査（Inspection）」からなる「シュワートサイクル」から影響を受けた「設計（Design）→生産（Produce）→販売（Sell）→再設計（Redesign）」のサイクルを説明しました。

さて、ここで注意したいのは、このサイクルを構成する各ステップが複数の異なる部門・職種にまたがっていることです。彼はこのサイクルを継続して回すことが重要だと主張しました。

講演の終了後、主催者の日本科学技術連盟（日科技連）の幹部がＰＤＣＡ（ＱＣサークル）を提唱しました。これには、日科技連がそれまでフレデリック・テイラーの科学的管理を源流とする管理を採用していたという背景もありました。

実はこの講演で、デミングはＰＤＣＡとはひと言も言っていません。それどころか、のちの１９８０年に米国会計検査院で行なわれた公聴会において、「デミングサークルとＰＤＣＡ（ＱＣサークル）は関係がない」と明言しています。そして「ＰＤＣＡは正しくない」と注意を促しています。

ＰＤＣＡは、「Ｃ（チェック）」と「Ａ（アクション）」により、実行結果を検査して、再び行動し修正します。

チェックには「食い止める（hold back）」という意味があります。つまり、検査・確認をして、間違いを食い止めるという意味です。また、チェックには「コンプライアンス」が含まれており、計画への準拠・服従が求められます。そして「アクション」は「改善する」とされています。この「チェックして止める」というサイクルが入っているために、行動が中断されてしまうのです。

さらに、デミングは没年の1993年には、「学習と改善のためのPDSAサイクル〈Plan〈計画〉→Do〈実行〉→Study〈調査〉→Act〈改善〉〉」としました。

もう1つ、PDCAの誕生に影響を与えた管理サイクルがあります。1947年にアルビン・ブラウンが著書『経営組織』において提唱した「PDSサイクル」です。これは、「計画（Plan）」「実行（Do）」「点検（See）」の3つから成り立っています。発表後、世界に広まり、日本でも広く使われるようになりました。

デミングの統計的品質統制とブラウンのPDSサイクルの考え方をもとに、日科技連が作り出したのがPDCAです。彼らの頭の中には第二次世界大戦中の形式ばった考え方があったせいか、「計画を作り、実行をチェックして、いったん行動を止めて、改善する」というサイクルとなり、それが品質統制・管理の世界で60年間にわたって支持されてきました。

確かに、製品の品質を高めることを要求される統計的品質管理において重要なのは、「ブレをいかになくすか」ということであり、人間的な要素がかかわらない技術的な世界です。また、科学的な検証の考え方になじむので、業務の性質によってはPDCAは有効です。

ただし、大手企業の生産現場では、品質管理の担当者たちはPDCAという言葉は使わず、「SQC（統計的品質統制）」と言っています。デミングの本流をきちんと受け継いでいるのです。

OODAループとPDCAサイクルの併用で「鬼に金棒」

デミングが来日した当時は、日本製品の品質は低かったので、アメリカの品質管理手法を導入することで品質を高めたいという思いから、PDCAが生まれました。実際にPDCAは成果を上げ、そのおかげで日本は世界に向けてビジネスを展開できるようになりました。

しかし、時代は変わりました。たとえば、今、自動車業界を見ると「つながる車」が登場し、「モビリティをどうするか？」「エネルギー消費をどうするか？」というテーマに軸足が移ってきています。

現代のように前提条件がどんどん変わっていくような時代に適応し、今まで想定してなかった世界の中で勝ち残るためには、計画の前に戦略が必要になります。

ここで、OODAループとPDCAサイクルを実際に適用するケースを紹介しましょう。

PDCAサイクルは生産現場の品質管理の計画とその継続的な改善活動に有効です。環境にかかわりなく計画を作成し、実行できます。そして、その主眼は「コンプライアンス」です。

つまり、「PDCAを回せ」という経営者やマネージャーの本音は、「自分の命令を聞いて、何も考えずに従い、できるまでやれ」というものなのです。その指示の通りにPDCAを回せた部下は、高度経済成長期には優秀なサラリーマンとして評価され、出世しました。しかし、実はここにPDCAの欠点があります。環境の変化や想定外の事態への対応が後手後手に回ってしまうのです。

PDCAの欠点を補完するにはOODAループの導入が最適です。OODAループとPDCAサイクルを連携させることで、環境に適した行動がとれることに加え、想定外の事態にも対処でき、失敗を回避できるようにもなります（図1―2）。

なぜ「日本企業には戦略がない」と言われるのか？

ＰＤＣＡサイクルとＯＯＤＡループの違いを「戦略」をキーワードに見てみましょう。戦略とは「夢のビジョン」を実現するための方法です。「どの道筋を選ぶか」という全体の活動を考えます。選んだ戦略（道筋）の中で、どのように実行するかを決めるのが計画です。

この計画を管理するのがＰＤＣＡです。想定の範囲内の世界だけでＰＤＣＡを回すのであれば、まったく問題はありません。しかし、現実の世界は常に変化します。そのため、世の中の流れを見ながら、戦略を縦横無尽に取捨選択して、実行することが求められます。

たとえ一度決めた戦略であっても、現状とギャップが生じたら、思い切って変えていくことが必要です。さらに、いざとなれば戦略どころか「夢のビジョン」まで見直していくというのがOODAループの基本的な考え方です。

私たちがさまざまなクライアント企業にＯＯＤＡループのコンサルティングをしていてしばしば提案するのは、「この前、戦略を決めましたけど、状況が変わったので、

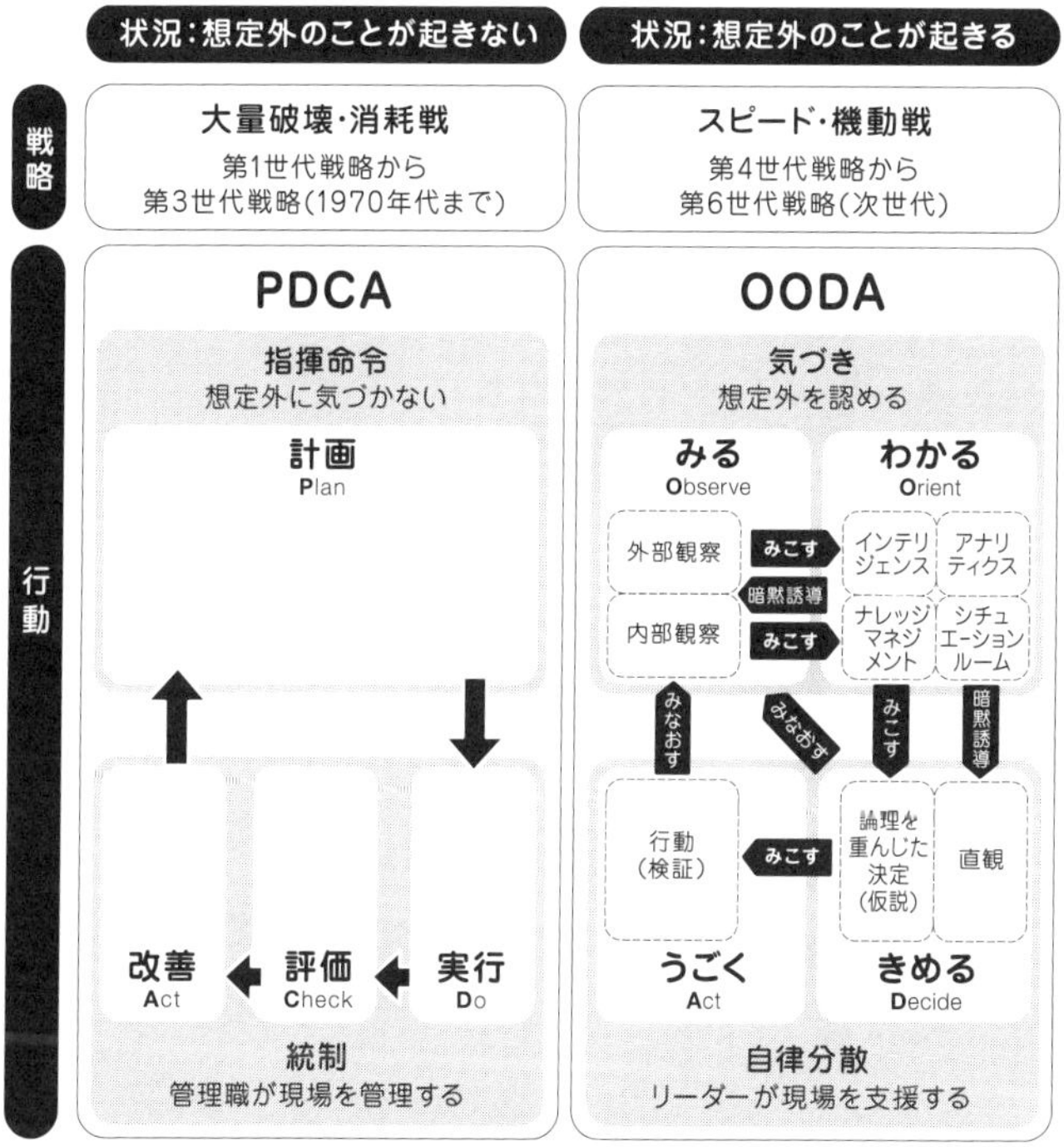

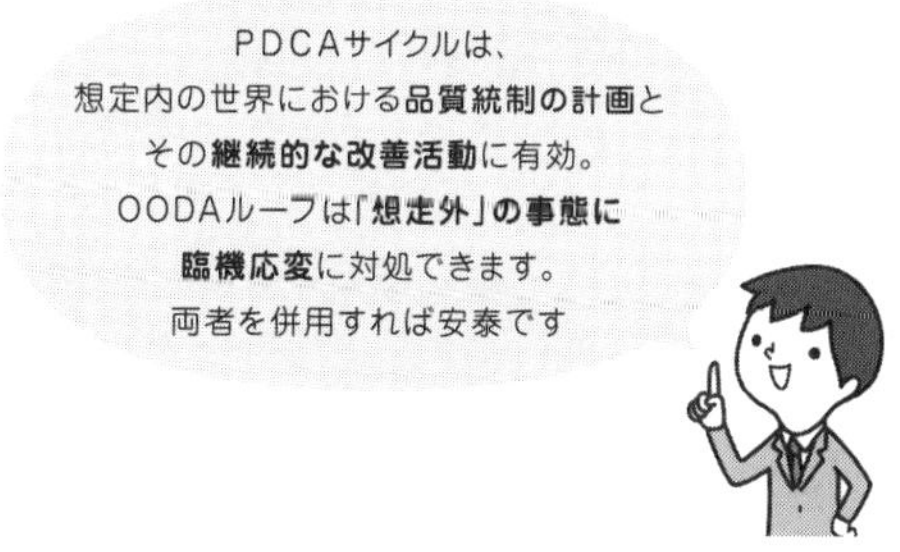

図1-2　POCAサイクルとOODAループの比較

戦略も変えましょう」という「見直し」です。

「日本企業には戦略がない」とマイケル・ポーターのような海外の経営学者からよく指摘されますが、それはほとんどの日本企業が戦略を1つしか用意しておらず、その戦略の枠内で計画だけを変えているためです。ほとんどの日本企業は「品質の高い製品・サービスを提供する」という1つのビジョンと1つの戦略だけしか持っていません。そして、想定外の事態が起きたら、計画だけを変えることで対応しようとするのです。

実は、会社の存亡に影響するものは、計画ではなく、「夢のビジョン」であり、それを実現する「戦略」なのです。

「リーンスタートアップ」や「デザイン思考」はOODAループから生まれた

戦略や計画に確信が持てないという段階では、「仮説を作って検証する「OOHT」

というループで回します。ＯＯＨＴは、まず「Observe：みる（見る、観る）」「Orient：わかる（分かる、判る、解る）」で「自分の認識を顧客や世界に合わせる。世界観を認識する」に続けて、「Hypothesize：おもう（想う）、仮説を立てる」「Test：ためす（試す）、検証する」という流れになります。

つまり、自分の世界観や製品観をきちんと認識した上で、仮説を立てて、それを検証するということを繰り返すのです。そのためには、まず「やってみる」ことがいいのです。もちろん、ここで言う「やってみる」は、頭の中が空っぽの状態でとりあえず「やってみる」という意味ではありません。よく誤解されるのですが、レベルがまったく違います。「仮説と検証」です。

日本企業の現場では、完璧な仕事をすることを優先して、時間は二の次とされることがよくあります。こうした思考に「柔軟性」を取り入れて、臨機応変に対応できるように変わっていただきたいものです。

今、いろいろな企業がＯＯＤＡループのエッセンスをビジネスに取り入れて、成果をあげています。

たとえば、起業のプロセスとして最低限の製品・サービスの試作品を作って顧客の反応を見る「リーンスタートアップ」や、顧客の世界観を出発点に商品企画・製品開発をする「デザイン思考」などは、根底にOODAループの考え方があります。

リーンスタートアップとは、無数のITベンチャーが生まれているシリコンバレーにおいて生まれた、起業の成功率を上げるための方法です。最初に、短期間に低コストで試作品を作り、一定数の顧客の反応を観察して、顧客に受け入れられるまで試作品を作り直し、その製品やサービスがマーケットに受け入れられるかを判断していきます。成功しそうだと確信できたら、本格的な開発に取り組みます。反対に、成功の確信を得られなければ商品化はあきらめて、ほかのアイデアや方法を考えます。従来の完璧な計画を立てて多くの時間を費やして開発するという方法とはまったく違う、効率的な開発方法です。

また、現在多くのビジネスの現場で取り入れられているデザイン思考は、顧客の視点に立つことで隠れたニーズ（インサイト）を発見し、製品やサービスを試作・検証するという開発スタイルです。プロダクトのデザインだけにとどまらず、サービスのデザイン、そして今では社会的な問題の解決にまで使われています。

2つのOをご理解いただけたところで、次の第2章ではOODAループの3つ目「きめる（決める、極める）：Decide」について、「夢のビジョン」を含む「世界観：VSA」を通して見ていくことにしましょう。

第2章

「世界観：VSA」を全員で共有することで、組織は大きく飛躍する！

「世界観：VSA」を全員で共有すれば、社員1人1人がリーダーシップを発揮する自律分散組織に変わることができます

●顧客の夢と従業員の夢を実現するビジョンがない

「夢のビジョン：Vision」を適用

- 組織が「どのような世界を実現したいか」という目的が曖昧
- 経営理念やビジョンはあるものの従業員の共感を得られていない
- ビジョンの実現に効果を発揮することに集中できていない

●形骸化された戦略の作成・遂行

「戦略：Strategy」を適用

- イノベーションに悩むベンチャー企業
- 形式的な手続きや前例主義が蔓延《まんえん》している

・他社の模倣ばかりして、おまけにジリ貧で成果があがっていない

●計画、手続き、マニュアルにより思考停止

「行動方針：Activities Directions」を適用

・計画、手続き、マニュアルなどにとらわれて本来の目的を見失っている
・計画の作成や実績報告書などの書類作成やその決裁にばかり時間がかかっている
・上司からの依頼で書類を作成しても、何度もダメ出しされて突き返される

●固定観念に縛られている

「メンタルモデル・感情：Mental Models and Feelings」を適用

・組織全体が「計画は完全でなければならない、計画が不完全だと失敗する」と思い込んでいる

● 多くの社員が「余計なことをして評価を下げるくらいならチャレンジしない方がいい」と思っている

事例

VSAを共有したスタッフ主導の改革で、高かった離職率がほぼゼロに！

〈OODAループ導入前〉

創業して数年のITベンチャー企業A社は、Eコマースのアグリゲーション（集約）サービスを提供しています。創業者の社長は、自分でアグリゲーションサービスのコアエンジンを開発し、これを基盤にして事業を始めました。

創業以来、外部からの出資を受けずに、自己資金だけで事業を拡大してきました。

スタッフは、公募で採用した社員、派遣SE、アルバイトの学生です。社長が休みなく働くことで、どうにか黒字を確保しています。

しかし、社長が知恵を出し、汗を流して、会社のすべての業務にかかわっているものの、スタッフは定着せず、常に離職率30パーセント以上の状態が続いていました。

〈OODAループ導入後〉

スタッフ全員に顧客の付加価値の向上を目的にして行動するようにしてもらいました。そのために、組織の具体的な将来像として「夢のビジョン」を定めました。自分たちの仕事がどれほど顧客に感動をもたらしているかを話し合い、夢を共有してもらうようにしたのです。

また、これまでは社長が事業計画を細かく作っていたのですが、マーケットの動向がまったく予測できておらず、ムダになっていたため、詳細な計画を作ることはやめました。そもそも計画を作成している間に環境が変わってしまうため、計画を立ててもその通りに動けなかったのです。

さらに、顧客の付加価値の向上のために設定した、事業の状況を計測するページビューなどの評価指標（ＫＰＩ）の数値を全員が見られるようにしました。そして、メンバーがＫＰＩを意識しながらアクションをとることにしたのです。

そして最大の改革はスタッフへの権限委譲です。ＯＯＤＡループを導入する前は、社長が戦略から作業までのすべての業務にかかわり、決定していたのですが、業務の大半を複数のスタッフに任せることにしました。スタッフ自身に会社が現在直面する問題を洗い出してもらい、その解決策を提案してもらう形にしました。

その結果、スタッフからの提案で次のような改革が行なわれました。

・勤務形態をスタッフの総意で見直した。また、ネット環境が充実したサテライトレンタルオフィスと契約して、各自が好きな場所で仕事ができるようにした
・オフィスを引っ越して、働きやすいオフィスレイアウトをスタッフ自身で決めた
・仕事の知識や試行錯誤の経験を共有する活動を始めて、先輩社員が勉強会のインストラクターを担当するようにした

このような全員参加の自律経営を目指す方向性を打ち出し、ＯＯＤＡループを導入した結果、高かった離職率はほぼゼロになりました。

直観力を駆使して瞬時に決める！

ＯＯＤＡループの「きめる（決める、極める）：Decide」は決断です。決断するためには、「自分にとってその状況はどういうことなのか」という意味づけをすることが必要です。意味づけは、「センスメイキング（Sense making）」ともいいます。これができて初めて、状況を正確に理解でき、問題解決のための行動をとることができるのです。

ビジネスにおいては、状況を一瞬で判断して行動することが重要です。このときに「直観（Intuition）」の力が発揮されます。

直観は、意思決定とはまったく別のものです。意思決定が時間をかけて分析し、論理的に行なうものであるのに対して、**直観とは、選択肢の中から解決策を選ぶのではなく、直接的に判断することをさします。**つまり、私たちが日常的に使っている経験に基づいた瞬時の判断のことです。たとえば、歩いていて、角を曲がったときに突然、人が現れたら、とっさに避けますよね。こんなとき、私たちはいちいち頭で考えていません。

なお、日本語には「直観」と同じ発音の「直感（inspiration）」がありますが、これとはまったく別のものです。直観や直感については、理化学研究所が脳科学の観点からこれらを定義しているので、本書もその定義を踏襲します。

直感は、突然のひらめき、あるいは勘といった主観的なものです。直感は偶然の可能性が高いため、必要なタイミングで活かすことができず、ビジネスの現場の判断では効果を期待できません。

一方の直観は、一見ひらめきのようですが、無意識から受け取るひらめきとは異なる〝能動的〟なものです。**冷静な状況分析や論理的思考をした経験の蓄積、すなわち潜在意識から即座に答えを引き出します。**特定の分野において、経験を積めば積むほど研ぎ澄まされるのが直観です。推論、論理、分析などの思考プロセスを経ないで直接的に結論を導き出す力のことです。

こうした直観の力は人間ならではの能力によるもので、人工知能（ＡＩ）が発達するにつれて今後ますます重要になってくると思われます。人工知能が得意とするのはビッグデータという膨大な情報から結論を〝探し出す〟ことです。それに対して人間は、人工知能では判断できないような少ない量の情報からでも結論を〝導き出す〟能力を持っています。

軍事やビジネスだけでなく、人生全般において求められるのは、周囲の変化にいち早く気づき、その現実に直面した瞬間に判断して行動することです。

直観力の研究における第一人者がゲイリー・クラインです。彼はアメリカ空軍で直観力を研究し、ホワイトハウスのシチュエーションルームのリーダーとして活躍しました。シチュエーションルームとは、ホワイトハウスの地下にある情勢分析と対応の中枢施設です。世界中に展開するアメリカ軍や情報機関などから提供される国内外の情報を監視し、合衆国大統領と国家安全保障会議のチームメンバーに必要な情報を報告します。

クラインの研究では、20年以上の経験を持つ消防士などプロフェッショナルのほとんどは、いちいち選択肢を分析しないで、その場の状況を最適なイメージと照らし合わせ、瞬時に判断して行動することが明らかになっています。たとえば、ベテランの消防士が炎に包まれた家の屋内で崩れ落ちる床をとっさに見抜いて、仲間を避難させるなどといったことです。エキスパートの域に達した人たちは、直観力を駆使しているのです。

直観力は鍛錬することで、誰でも身につけることができる

たとえば、将棋では1つの局面において約80通りの指し手があるといわれています。もちろん、棋士は盤面から情勢を判断して、次の一手を考えるわけですが、このとき経験の浅い棋士ほど記憶力や計算力などに頼りがちです。しかし、羽生善治氏によると、棋士は経験を積んで達人の域に近づくにつれて、少しずつ直観的に指し手を選ぶようにシフトしていくのだそうです。トップレベルのプロ棋士は、直観により先の手を読むことができ、最善手が瞬時にわかるといいます。「考える」ので

はなく、その対局全体を「捉える」のです。これが直観力です。

理化学研究所は、**無意識のプロセスである直観力が鍛錬によって身につけられる**ことを実験により明らかにしています。直観を司るのは「大脳基底核」です。プロ棋士は脳内のこの回路を活発に使っています。一方、アマチュア棋士の大半はこの回路をうまく使えず、直観力を発揮できません。これがプロとアマチュアの圧倒的な差になっているのです。

しかし、アマチュア棋士を4カ月にわたって、集中的に詰め将棋に取り組ませたところ、短時間で詰め将棋を解く能力が向上し、直観力が身についたそうです。プロ棋士と同様に、大脳基底核を使えるようになったのです。

このように特定の分野において数多くの経験を積むことにより、直観力が身につきます。将棋に限らず、実は人間のあらゆる行動に直観力が使われているのです。たとえば、歩き方、箸《はし》の持ち方、コップの持ち方、自転車の乗り方、ピアノの弾き方などの日常における行動も、大脳基底核によって制御されていることがわかっています。

赤ちゃんがハイハイからヨチヨチ歩きになったばかりの頃は、周りを見て、どちらの足をどのように動かしたらいいかを頭で判断して、歩きます。しかし、成長すると無意識のうちに歩けるようになります。

優秀な医者、有能な経営コンサルタント、会社などの組織で活躍している人など、その分野でトップレベルに達した人は、本人が気づいているかいないかにかかわらず、直観力を駆使しているのです。

無意識の世界、つまり潜在記憶で働くのが直観力で、その人の経験記憶の蓄積などから生み出されます。直観力とは無意識の中で問題を瞬時に処理して答えを出す力です。そして、直観は鍛錬によって身につけることができます。経験を積むほど、歳をとるほど直観力は冴えて、より正確になっていきます。

直観力による判断モデルは、アメリカ海兵隊やアメリカ陸軍の隊員などの訓練の方法を変えました。彼らは、豊かな経験を踏まえて知性を働かせ、蓄積された知識のライブラリーの中から適切なシナリオを無意識で掘り出して、現場での判断に活かしています。

「直観力を発揮するには、特定の分野において達人の域に達している必要があります」などと言うと、多くの方が「自分には無理」などと不安になるかもしれません。

でも、大丈夫です。分野と鍛錬する対象を限定し、繰り返し練習することで、誰でも達人のレベルに到達できるのです。

人間のすべての思考と行動のベースとなる「世界観:VSA」

たとえば、皆さんは「急に自社の商品が売れなくなった」など、想定外の事態に直面して〝頭の中が真っ白になった〟という経験はありませんか。

想定外の事態が起きると、たいていの人は慌ててしまい、「何をすればいいのかわからない」という状態に陥ってしまうのではないでしょうか。あるいは、「どう行動すべきか、対応策は頭ではわかっているのだが、実際の行動に移せない」ということもあるかもしれません。

この「何をすればいいのかわからない」というのは頭の中に世界観がない状態、そして「行動に移せない」というのは考えに気持ちがともなっていない状態です。

こうした状態に陥らないためには、あらかじめ世界観を持っておくことが大切です。世界観があれば、想定外の事態が起きても頭の中が真っ白になったり、わかっていても行動できないということを防ぐことができるのです。

世界観は、こうした想定外の事態への対応だけでなく、気づき、意味づけ、アイデア創造、仮説形成、臨機応変の判断などにも影響を与えます。このすべての行動のベースとなる世界観をOODAループの文脈でフレームワーク化したものが、この章で紹介する「世界観：VSA」です。

VSAは「『夢のビジョン』を実現することによって結果は自然とついてくる」という考えに基づいています。

現在、さまざまな業界で製品の品質偽装問題があとを断ちません。中には、問題への対応が後手にまわり、事業の撤退にまでいたった会社もあります。こうした事態を避けるためにもVSAは有効です。企業がVSAを持っていれば、個々の社員が自発的に的確な対応ができるため、問題を未然に防ぐことができるのです。

ここでは架空の大手消費財メーカーC社のモデルケースでVSAについて見ていきましょう。

C社では、現場のスタッフが生産ライン上に品質問題が起きそうな兆しを見つけたら、そのスタッフ個人の判断で生産ラインを即座に止めることが許されています。そうすることで、これまで問題の発生を未然に防いできました。

C社では企業の「夢のビジョン」を「製品を提供していくことを通して、お客様に心を踊らせる体験をしていただく」と設定し、社員もこの「夢のビジョン」を共有しています。そして、全社員が「夢のビジョン」にのっとって行動できるようになっているため、品質問題が起きそうな場合に、現場のスタッフが自分の判断で生産ラインを即座に止めることができるのです。

一般的な企業であれば、現場の社員が自分1人の判断で生産ラインを止めることはためらわれるでしょう。しかし、日頃から「夢のビジョン」にヒモづいた行動が求められていれば、このC社のように現場の判断で即座に生産ラインを止めることができるのです。このように、欠陥商品を市場に出す確率を格段に減らすことで、C社は顧客や市場から高い信頼を得られるでしょう。

OODAループにおける「世界観：VSA」は、次の「VSA」の3つの段階にメンタル・感情「M」を加えた4項目「VSA＋M」で定義されます（図2－1）。

夢のビジョン：Vision

V（Vision）は5年先以降の自分や会社のなりたい姿、社会や顧客のイメージです。

戦略：Strategy

今後3～4年ほどかけて取り組む、「夢のビジョン」を実現するために何をどうするかについての方法（戦略）を定めます。

行動方針：Activities Directions

今後、1～2年かけて取り組む行動の方針を決めます。「行動方針」とは、状況に応じてどのように行動するかを定めた方向づけです。

そして、このVSAが「メンタルモデルと感情（M）」を通して行動に影響を与えます。

「世界観：ＶＳＡ」は、すべての
思考と行動の指針となります

図2-1　「世界観:VSA」のフレームワーク

メンタルモデルと感情：Mental Models and Feelings

メンタルモデル（Mental Models）とは頭の中にあるものごとなどのイメージ、固定観念です。感情（Feelings）とは心の動きや状態です。

では、さっそく「ＶＳＡ＋Ｍ」を詳しく見ていきましょう。

Ｖ（夢のビジョン：Vision）～自分や組織は何を実現したいのか

「夢のビジョン：Vision」とは、自分が実現したいと願う世界のイメージであると同時に、顧客や社会に対する価値の提案である必要があります。

ビジネスでいえば、「顧客や社会のために何を実現するか」というエンドステート（最終着地点の状況）を決めることです。顧客の心を想像して、エンドステートを実現するためにどんな行動をするかを社内で議論します。

未来を創るのが経営です。世界の先進的な企業はすべて「夢のビジョン：Vision」

に基づいて行動しています。

「はじめに」でも言いましたが、たとえばシスコのビジョンは「人々の仕事、生活、学び、遊びのあり方を変える」ですし、またアマゾンのビジョンは「私たちのビジョンは、地球で最も顧客中心の企業であることです。人々がオンラインで購入したいと思うどんなものでも見つけ出せる場所を作ります」というものです。

アマゾンのビジョンを顧客と社員の両方の立場から考えてみてください。地球規模で顧客が最優先されていて、顧客はさまざまな商品を自由に選択できる――もし自分が勤める会社がそんなビジョンを掲げて、それを実現していたらうれしくありませんか？

実際に、アマゾンはこのビジョンに基づき、書籍にとどまらずあらゆるものをオンラインで購入できるようにしています。さらに、近年ではモノに限らず、高品質で安価な世界最大のクラウドコンピューティングサービス「アマゾンウェブサービス（AWS）」まで提供しています。

さて、いくらビジョンが必要だといっても、形ばかりのビジョンでは意味がありません。夢ばかり追いかけて、社会的な名誉や意義を持たない抽象的な理想論を掲げても、軸足がブレてしまうでしょう。また、どのような世界を実現したいかについて、社員1人1人の解釈が違うようでは、〝起点〟として機能しません。結局、今の延長線上で議論してしまうということになりかねません。

「夢のビジョン」に関係ない仕事はすべてムダ

組織のメンバーが「夢のビジョン」を起点に行動するようになると、ムダなことをやらなくなります。私の経験上、ほとんどの企業でやることが従来の10分の1くらいになりました。

というのも、ほとんどの企業は時間でみると7割くらいをムダなこと、すなわち「夢のビジョン」にヒモづいていない〝どうでもいい仕事〟に忙殺されているのです。

先ほど、私たちが経営コンサルティングをする場合、最初に「夢のビジョン」を書いてもらうとお話ししました。「夢のビジョン」が決まったら、次にやってもらうのは、「やらないこと」を決めることです。つまり、「夢のビジョン」の実現に関係ない仕事は一切やめるのです。

さっそく、「夢のビジョン」の決め方をご紹介しましょう。次の1から4までのプロセスを〝繰り返す〟ことで「夢のビジョン」を確定していきます。

1　5年後の世界を予測して、その世界で達成する姿を示す

まず、5年後の世界を予測するために、5つの外部要因のトレンドを洗い出します。

①　自社の事業にインパクトを与えるマーケットのトレンドと今後の顧客ニーズ

②　自社の事業にインパクトを与える競合企業のトレンド（方向）と新規参入の力学（動き）（※ただし、競合他社に目を奪われすぎて顧客の動向を見失ってしまっては本末転倒です。あくまでも予測のため）

③　自社の事業にインパクトを与える代替品のトレンドと力学

④　自社の事業にインパクトを与える技術のトレンド

⑤　自社の事業にインパクトを与える供給者のトレンドと力学

次に、自社の3つの内部要因を洗い出します。

①　事業理念（事業憲章）は何か
②　優位性の源泉になる将来の自社の能力、人的資本と知的財産は何か
③　自社の成長で目指す中長期財務目標は何か

これらの視点を踏まえて、5年後に目指す世界のイメージを定めます。

この作業を部門内で実施する場合は、これらの視点を踏まえると同時に、その部門が対応すべき顧客と事業を対象に5年後の世界を予測し、外部要因と内部要因の両方を検討した上で、部門ごとに「夢のビジョン」を作ります。

2　顧客の視点に立って価値を提案することで、顧客の心を動かす姿を示す
3　独自性があり、社会的に存在意義がある
4　自らの夢と結びついている

そもそも人は夢がなくては夢中になれません。また、夢があるからこそ人が集まるのです。自己実現と所属する組織の「夢のビジョン」をすり合わせて、それを全員で共有します。本章の冒頭で紹介した事例のように、全員参加の自律経営を目指すことで、社員の心に火が灯り、やりがいが生まれ、離職率は低くなり、生産性が上がり続けるのです。

S（戦略：Strategy）〜「夢のビジョン」から逆算して戦略を決めて共有する

戦略とは「夢のビジョン」を実現するための方法、手段、方策です。数ジョン・ボイドによると、戦略とは「多くの混迷をもたらす出来事が起こり、数多くの利害が対立するしばしば予測不可能な展開をする世界」において、「多様な意思の力を調和させることによって特定の目的を実現するための根幹となる方法」とされます。重要な点は、**達成したい「夢のビジョン」から逆算して、とるべき戦**

略を決めるということです。

　ビジョンが抽象的では戦略も決まりません。多くの日本企業はビジョンが明確に定まっていないので、当然、戦略も定まりません。このため、現在の行動の延長線上に考えられることを計画として設定せざるを得なくなります。たとえば、「売り上げを30パーセント増やす」といった漠然とした計画です。

　トップダウンで経営されてきた従来型の企業では、ビジョンと戦略はトップの頭の中だけにあり、組織のメンバーにはその実行だけが求められるというケースがよく見られます。このような組織では、行動の計画（中長期計画）だけが判断基準として定められ、計画の実施を徹底するというスタイルの経営が行なわれます。そこでは、トップ主導の人事評価が行なわれ、花火を打ち上げてトップに認められた人が昇進するとともに、トップの命令を聞かない人は冷遇されるという恐怖政治が行なわれます。そんな状態では、優秀な人を採用することはできず、たとえ採用できたとしてもすぐに辞めていってしまいます。

　すると、トップがいくらがんばって働いて命令を出しても、部下は「イエス」と返事をするだけで、実際には動かないという風土が出来上がってしまうのです。そうした状態に陥らないためには、「夢のビジョン」とそれを実現するための戦略を組織全体で共有することが大切なのです。

Ａ（行動方針：Activities Directions）～瞬時に動けるように準備しておく

行動方針は、個々人が決める個別の方針と、組織全体に当てはまる普遍的な行動原理の２つがあります。後者には、顧客視点に基づいた判断基準を提供する「行動原理：ＰＭＱＩＲ」があります（ＰＭＱＩＲについては第４章で詳しく解説します）。

あらかじめ行動方針を決めておくことで、個々の社員が必要なときに効果的で的確な決定を瞬時に下し、行動できるようになります（図２－２）。

「世界観：ＶＳＡ」の構成要素において、「夢のビジョン（Ｖ）」「戦略（Ｓ）」「行動方針（Ａ）」の３つは論理的思考によるものです。

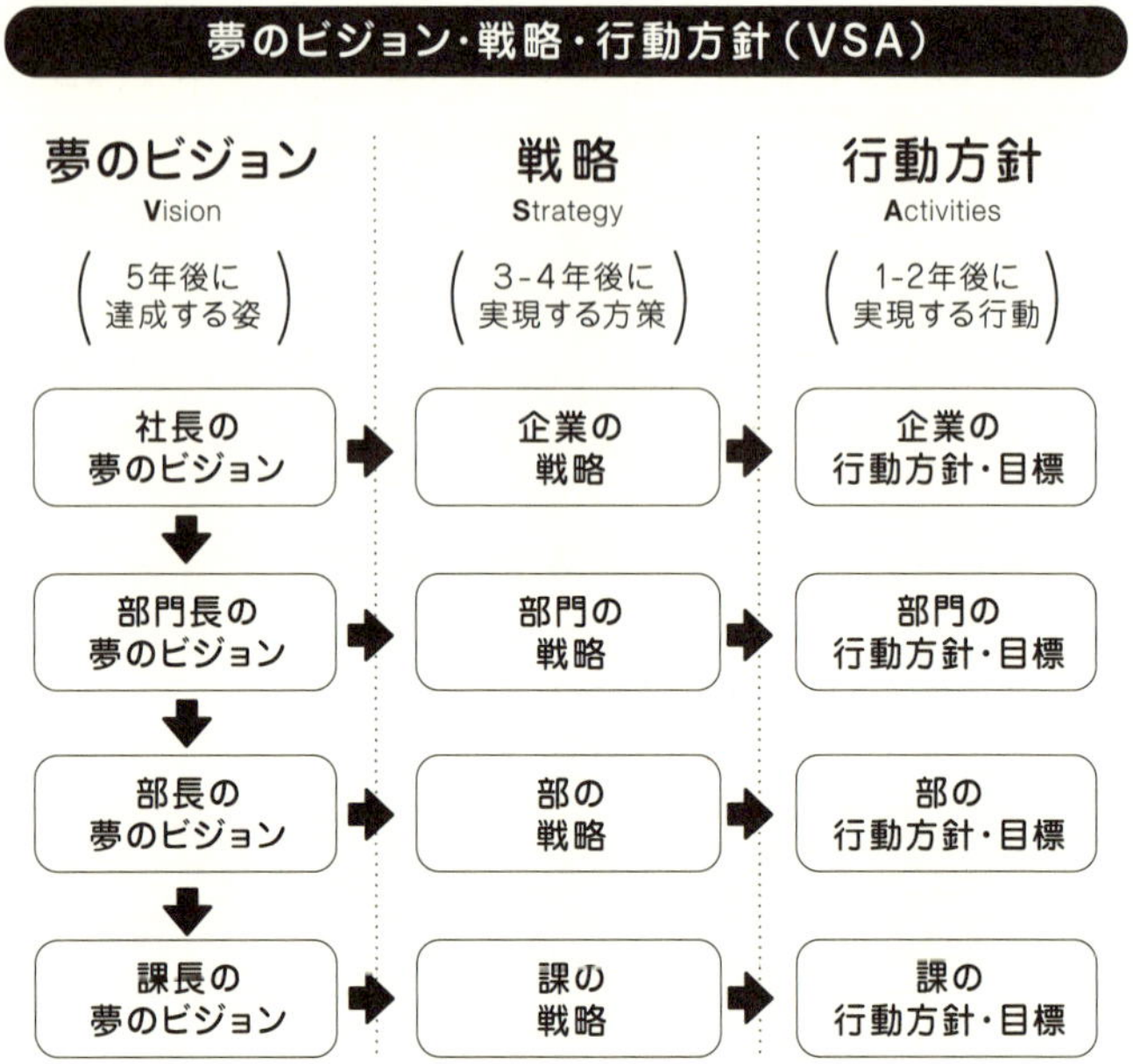

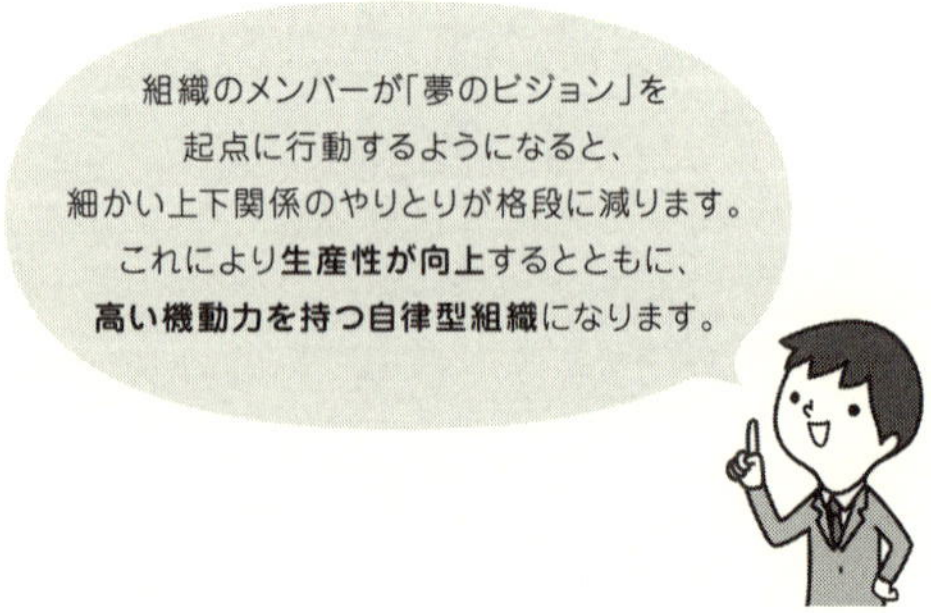

図2-2　組織全体で「世界観:VSA」を共有する

それに対して「メンタルモデルと感情（M）」は、遺伝的な資質、経験、文化的伝統、認知された新しい情報、そして分析と統合から生まれるものです。しかし、これは「夢のビジョン（V）」「戦略（S）」「行動方針（A）」が論理的に認識されることによっても、常に更新されていきます。

M（メンタルモデルと感情：Mental Models and Feelings）～常に固定観念を見直して、頭の中を更新する

メンタルモデルとは、頭の中にある「ああなったらこうする」といった「行動のイメージ」や固定観念、暗黙のうちに持っている見通しのことです。組織のメンバーは「夢のビジョン」と「戦略」にヒモづけた「行動のイメージ」を作る必要があります。

また、人は誰しも固定観念を多少なりとも持っています。そのため、自分が思い込みを持っていることを認識した上で、常に変わり続ける環境に合うように固定観

念を変えていく必要があります。

たとえば、残念な組織では、次のようなメンタルモデル（固定観念）に支配されています。

・「計画は完全に実現しなくてはならない」「計画が不完全だと失敗する」と思い込んでいる

日本には、このような考えを持っている組織や人が数多く存在します。特に安定した環境で事業をしてきた組織によく見られる傾向です。計画したときに想定していた状況が変わり、計画をそもそも変えなくてはならないのに、計画に固執してなかなか変えられません。

・「指示されたことや前例があることしかできない」と思い込んでいる。あるいは、「余計なことをして評価を下げるくらいならチャレンジしない方がいい」と信じている

これらは個々人の思い込みになっていますが、その背景には組織の風土がありま す。社員がチャレンジできる風土を作るためには、組織の文化から変える必要があります。

たとえば、日本に多いのは「ポジティブリスト方式」で「やっていいこと」がリスト化されていて、それ以外は禁止というパターンです。これを、「やってはいけないこと」「やらないこと」をリスト化し、それに挙げられたことだけが禁止される「ネガティブリスト方式」に転換することで、自由な発想が生まれる素地ができるのです。

感情とは、心の動きや状態のことです。さらに感情は「情動：Emotion」と「気分：Mood」の2つに分類されます。

情動とは、「恐怖」「怒り」「悲しみ」「喜び」などの短時間に感じる強い感情のことです。一方、気分とは、「憂鬱」「気だるい」「前向き」「明るい」「元気」といったごく弱い持続的な感情のことです。気分は自分では意識できないこともあります。

しかし、「夢のビジョン（V）」「戦略（S）」「行動方針（A）」にヒモづいた行動を行なうように常に意識することで、前向きになれるなど、感情をコントロールできるようになります。

「夢のビジョン（V）」はOODAループの大前提

VSAでは、「夢のビジョン（V）」を自己実現とヒモづけることを組織のメンバー1人1人が意識するようにします。そうすることで、その場、その瞬間における判断のよりどころを持つことができるのです。

組織にVSAを核にしたOODAループを導入することにより、1人1人が本質（実世界の現実）を見極めて、自らの判断で効果的な行動ができる環境を作ることができます。

私たちがOODAループをクライアントの現場に導入する際には、まず第一段階では「メンタルモデルと感情」を除いたVSAだけを社員全員に書かせます。そして、組織や上司の「夢のビジョン」とすり合わせをします。

次に第二段階として、自分の「メンタルモデルと感情」を内省しながら、最初に書いた「夢のビジョン」とすり合わせをします。そして、自分がやりたいことや「メンタルモデルと感情（Ｍ）」を加えた「ＶＳＡ＋Ｍ」の形で書き出して、それまで自分では気づかなかった側面を発見してもらいます。

大手消費財メーカーC社の事例で見る「ＶＳＡ＋Ｍ」の作り方

具体的な「ＶＳＡ＋Ｍ」の作り方について、先ほどの大手消費財メーカーＣ社のモデルケースで見てみましょう。

大手消費財メーカーＣ社では、社長が「夢のビジョン（Ｖ）」を「製品を提供していくことを通して、お客様に心を踊らせる体験をしていただく」と設定しています。

そして社長は次のように「戦略（Ｓ）」を設定しました。

・重点強化地域で最大のマーケットシェアを獲得する
・お客様の心を踊らせる圧倒的な価値を提供する
・全組織を自律分散化し、人的資本の育成を進める

続いて、社長は「行動方針（A）」を次のように設定しました。

・Aセグメントのお客様向けにM製品を投入する
・Bセグメントに投入するN製品を開発する
・OODAプロジェクトのVSAワークショップを全組織に展開する

このように社長が設定した「夢のビジョン」が会社全体の「夢のビジョン」になります。社員も全員がこのVSAを共有するようにします。

これを受けて工場の生産ラインを担当するNさんは、自分のVSAを次のように設定しました。

○Nさんの「夢のビジョン（V）」

世界に誇れる工場から、お客様を感動させる製品をお届けする。

○Nさんの「戦略（S）」

世界最高水準の品質、コスト、納期を実現する。
変化に俊敏かつ柔軟に対応できる工場を実現する。
鍛錬を重ねることで達人の域に達するスキルを身につけ、後進を育成する。

○Nさんの「行動方針（A）」

お客様を感動させる製品をハイスピード、ハイクオリティ、ローコストで作り、状況の変化に柔軟に対応して提供する。（以下、省略）

○Nさんの「メンタルモデル（M）」

当事者意識を持つ。たとえば、ラインの不具合に気がついたら、自分が率先してその解決のために動くようにする。

○Nさんの「感情（M）」

どんなに立派な「メンタルモデル（M）」を持てるようになっても、人間誰しも気分が乗らないときはあるものです。しかし、以前に比べて大きな変化が現れました。Nさんは自らのVSAを設定したことにより、内発的な動機づけを持てるようになりました。社内のみんなから自分の行動を認められ、チャレンジしていることを親身になって支援してもらっていると感じられるようになったことから、自信を持てるようになり、前向きな「感情（M）」を持てるようになったのです。

このように各人がVSAを設定することで、OODAループが最大限機能する組織に変わってくるのです。すると、最終的には管理職が必要なくなり、全員がリーダーシップを発揮して自律的に働けるようになります。

シリコンバレーのベンチャーは「夢のビジョン」で資金を集める

シリコンバレーのベンチャー企業は「夢のビジョン」を最優先にしています。「夢のビジョン」がインパクトがあり具体的でしっかりしているか否かで、投資家から出資してもらえるか否かが決まるほどです。そのため、まず最初に顧客を取り巻く環境やマーケット、あるいはテクノロジーのトレンドなどをもとに「夢のビジョン」を作成します。

たとえば、シリコンバレーのベンチャー企業Ｆ社の創業者Ｆさんはある分野におけるソフトウェア処理スピードを高速化する技術を考え出しました。その際、「夢のビジョン」を次のように設定しました。

「驚異的なソフトウェア高速化技術により、それを適用するビジネスの圧倒的な高速化、情報技術基盤の持続可能性を実現させる」

これがある投資家の目にとまり、プレゼンをすることになりました。プレゼン自体はたどたどしいものでしたが、その技術が世界にもたらすインパクトの大きさに興味を持ってもらうことに成功し、その場で数十億円規模の出資が決まりました。

さっそくＦさんはこの「夢のビジョン」に共感して集まってきた精鋭スタッフたちとともに「夢のビジョン」の実現に取りかかります。

さて、モデル開発とシミュレーションの作業を進めていくうちに、当初想定していた技術では他社に簡単に追いつかれてしまう上に、処理スピードの高速化が「夢のビジョン」でうたっているほどのインパクトをもたらさないことが判明しました。そこで、さまざまなモデルの試行錯誤を繰り返すこと数カ月、あるスタッフが発想した新しいモデルを実装することにより、圧倒的な高速化を実現できるようになりました。

新しいモデルを開発できたことで、スタッフを増員して開発に集中し、無事に事業をスタートすることができました。

このようにアメリカでは「夢のビジョン」を中心にお金が回り、個々のスタッフが主体的に動くことで、企業が経営されているのです。

「夢のビジョン」さえあれば、「計画」なんていらない!?

皆さんに「夢のビジョン（V）」について、もっと詳しく知っていただくために、ベンチャー企業F社の事例紹介を続けながら、極端なことをお話しします。**しっかりした「夢のビジョン」さえあれば、「計画」などなくても、いきなりOODAループで動き出してしまってもいいのです。**実は、シリコンバレーのベンチャー企業の多くはこの手法をとっています。

先ほどのFさんの事例では、彼の「夢のビジョン」に共感した投資家に出資してもらうことで資金を手に入れ、「夢のビジョン」に共感して集まってきた優秀なメンバーが画期的なモデルを考え出して、圧倒的な高速化が実現でき、事業が展開できたのでした。

F社のような典型的なスタートアップ企業では、詳細な「計画」を作っている余裕などありません。さすがにファイナンスにかかわる予測はシミュレーションするものの、「夢のビジョン」に直結しないことは極力やらず、とにかく「夢のビジョン」を実現するための「戦略（S）」とその実行に資源を集中します。

形骸化した手続きや計画にとらわれずに「戦略」を考え、システムのパフォーマンスを見ながら検証を重ねました。そして結果が出るまで繰り返し「戦略」を見直して、「夢のビジョン」を実現する方法を見つけ出したのです。

このように確固たる「夢のビジョン」さえあれば、事業を成功させることができるのです。

弓道の「正射必中」に通じる「世界観：VSA」

なぜビジネスに「世界観：VSA」を取り入れるのか？　その目的は次の3点に要約できます。

1　企業の「夢のビジョン（V）」と自分の行動をヒモづけることができ、行動を起こす際に方向性が明確になります（方向性の明示）。つまり、自分の行動の受益者である顧客の利益と、所属する組織の利益の両方を明示することができるため、方向性が明確になるのです。

2　自分たちがこれからとろうとしている行動を「夢のビジョン」と照らし合わ

せることで、その行動が正しいかどうかが判断でき、確信を持つことができます（行動の確信）。

3　ＶＳＡが長期的に変わらない方向性を示してくれます。「戦略（Ｓ）」や「行動方針（Ａ）」の継続性が保たれます（継続性）。

弓道の世界に「正射必中」という考え方があります。「正しく矢を射れば、必ず中《あて》る」という意味です。つまり、的を当たることは結果にすぎないのです。

これはＶＳＡの考え方にも共通します。

まず「正しく行なうことが重要だ」と考えるのです。たとえば、数値目標が達成できたとしたら、それを「自分たちが優秀だったからだ」とか「狙いが良かったからだ」などと考えるのではなく、「正しいことをした結果」だと考えるのです。

これは、日本人の価値観に根づいた『結果のみを追うことは卑しい」「正しさを探ることにより常にその先へ歩め」という弓道の思想から学ぶことができます。あるいは、高い志を持つことにより無限の成長が可能であるという、仏教的な思想から生まれたものと考えてもいいかもしれません。

実際にVSAを取り入れている企業は、短期的な業績数値だけに目を向けている企業とは、個々のメンバーの意識の高さが違います。また、持続的な成長を実現する組織能力を持っています。そして、自社が業界で一人勝ちすることを望んでいません。社会にとって求められる存在になることを「夢のビジョン」とし、それを実現するための「戦略」を定めて、組織を運営しています。

数値目標管理だけでは組織は傷つく
~KPI、バランスト・スコアカードの弊害

これまで数値目標管理制度のツールといえば、ロバート・S・キャプランとデビッド・P・ノートンが提唱したバランスト・スコアカード（BSC）が有名でした。

バランスト・スコアカードは「財務」「顧客」「社内プロセス」「学習と成長」の視点から業績を評価する技法です。

しかし、評価指標管理を中心とするバランスト・スコアカードや財務報告を中心とする予算管理の制度などを使うと、どうしても数値そのものに注目が集まってしまいます。本来の目的である戦略や方針の実現に関心が及ばないのです。

また、数値目標管理に偏ることの弊害も、今では明らかになっています。

たとえば、企業によっては、数値目標をわざと低く設定することで、目標達成をラクにして評価を上げようとする人間が出てきたり、数値目標さえ達成すればほかのことはおざなりになってもいいという状況になっていたりします。こうした弊害が生じた企業のほとんどは、最終的に数値目標管理を廃止しています。

さらに、バランスト・スコアカードは、数値目標の管理業務そのものに多大な時間がかかることも災いし、数値目標の更新を放棄する原因にすらなっています。

また、数値目標管理ツールの「ＫＰＩ（Key Performance Indicators）」は、そもそも成功要因の状況を評価するために設けられるもので、給与査定など人事評価に適用するものではありません。それにもかかわらず、人事評価にＫＰＩを適用する企業があり、弊害が出ています。

たとえば、マーク・ホダックが２００２年から２００４年にかけて行なった調査によると、数値目標の達成実績に基づいて業績給を支給している企業はS＆P500の15パーセントを占めましたが、それ以外の企業よりも業績が平均で3・5パーセント低かったことが明らかになっています。

社員が自分から進んでやりたいと思っている〝内発的に動機づけられた行動〟に対して、金銭で報いるなどの〝外発的な動機づけ〟を与えてしまうと、かえってやる気を失わせてしまうのです。こうしたモチベーションが低下する現象を「アンダーマイニング効果」、あるいは「抑制効果」といいます。

また、数値目標だけによる評価では、行動の内容にかかわらず、数値目標さえ達成すれば報酬が増えるため、どんなことをしてでも目標を達成しようという社員が出てきて、本来の方針がないがしろになってしまうという弊害もあります。

たとえば、数値目標管理がいきすぎて現場が疲弊し、品質問題を起こした自動車メーカーがあります。あるいは、社員が目標とする数値を本来の能力よりも低く設定することで業績評価を高くしてもらうようになり、高い目標に向かってチャレンジする気持ちを失ってしまった大手電機メーカーもあります。

単に数値目標を業績給に反映させるのではなく、「夢のビジョン（V）」と「戦略

（S）」、それを実現する「行動方針（A）」に焦点を当てるべきなのです。

とはいえ、評価指標には「見える化」のツールとしての効果があるため、リアルタイムに現場の状況を知るために使うのにはよいでしょう。個々人がKPIをみて状況を把握し、瞬時に行動します。また、自社の人事評価にとっては数値目標が有効ということであれば、社員が自ら設定した方針の達成状況を評価する〝補足ツール〟というくらいの位置づけで使えばよいと思います。

想定外の世界「VUCA」にはVSAを見直すことで対応する

「はじめに」でも紹介しましたが、「VUCA（ブカ）」とは、私たちが今生きている先行きが予測できない世界を表す言葉です。現在の世界を「VUCAの時代」や「VUCAワールド」と呼ぶ人もいます。

VUCAは「状況をどれだけ知っているか」「行動の効果をどれだけ予測できるか」という2つの軸で次の5つのレベルに分けることができます。

【レベル0】安定：Stable
【レベル1】不安定：Volatile
【レベル2】不確実：Uncertain
【レベル3】複雑：Complex
【レベル4】曖昧《あいまい》：Ambiguous

ＶＵＣＡは、１９９１年にアメリカ陸軍戦略大学校が発表した軍事用語です。冷戦の終結により、それまでの戦略核兵器を中心とした大量破壊兵器による戦闘を想定していた時代が終わりました。その後の混迷した情勢を捉えるために使われている言葉です。

ＶＵＣＡの対象は、現在直面している事態や直近の出来事に限りません。20年以上先に起こりうる事態も対象となります。もし、それらの事態に対して自分が「曖昧」な状態ということであれば、それに対応するためのＶＳＡ（行動の判断基準）を作り、それを組織全体で共有し、不測の事態に対応できるようにしておく必要があります。

２０１０年代に入り、ＶＵＣＡという言葉はビジネスの世界でも使われるようになっています。ＶＵＣＡの各レベルに応じたＯＯＤＡループの適用方法があります。

【レベル０】安定：Stable　→　想定内と認知（前例の踏襲、現状維持）
【レベル１】不安定：Volatile　→　「メンタルモデルと感情（Ｍ）」の見直し
【レベル２】不確実：Uncertain　→　「行動方針（Ａ）」の見直し
【レベル３】複雑：Complex　→　「戦略（Ｓ）」の見直し
【レベル４】曖昧：Ambiguous　→　「夢のビジョン（Ｖ）」の見直し

ＯＯＤＡループは、組織や個人がＶＵＣＡの各レベルをどのように受け止めて、どのように理解・認識をして、行動すればいいかを示してくれます（図２―３）。

もし「想定外」の事態に直面したら、それがＶＵＣＡフレームワーク内のどのレベルに当たるのかを見極める必要があります。それによって適用するＯＯＤＡループも変わってきます

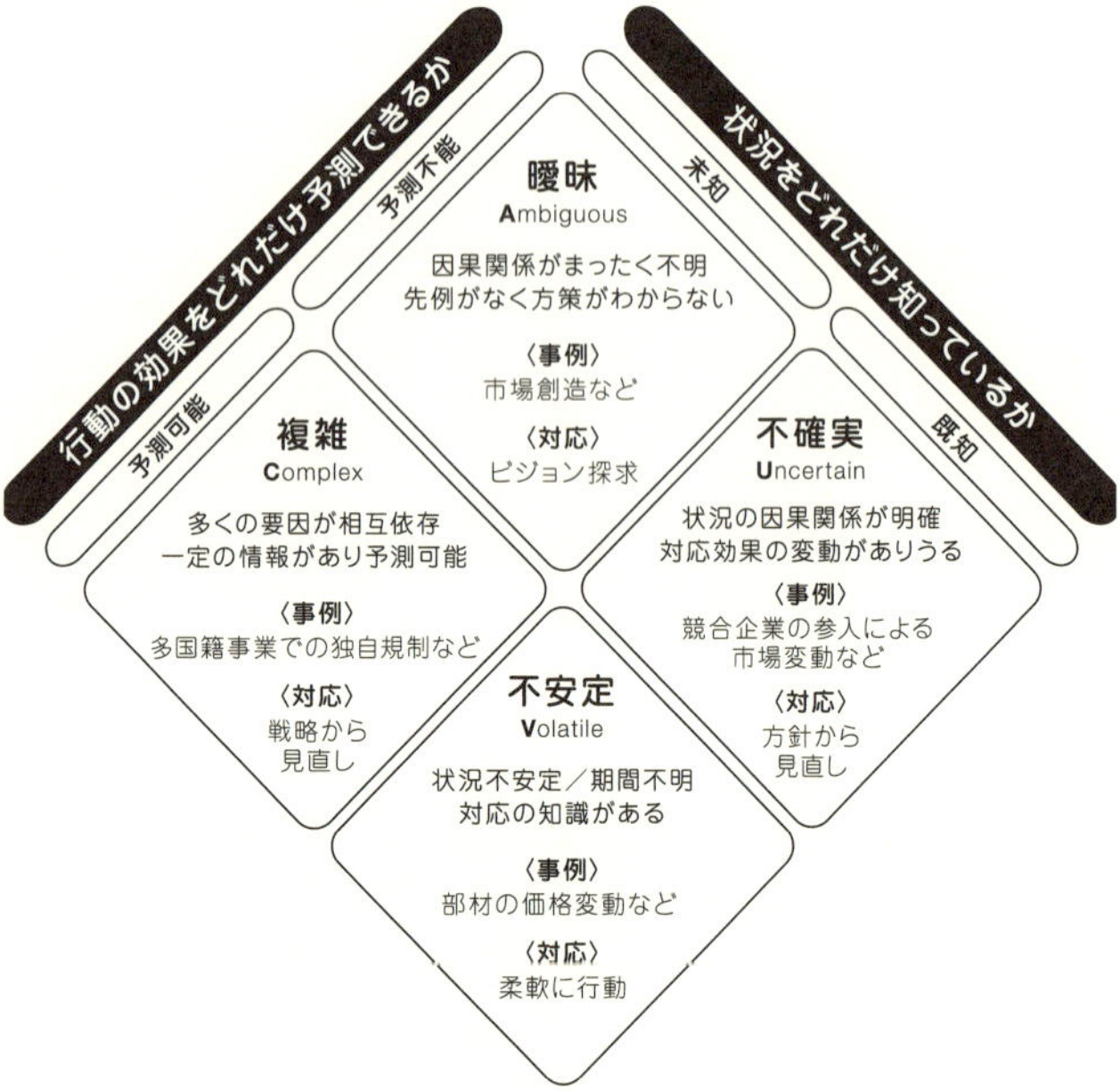

図2-3　VUCAフレームワーク

事例　自動車メーカーでの不具合発生とOODAループによる対応

ある架空の自動車メーカーの事例を見ながら、VUCAへの対応方法を考えてみましょう。

ある日、このメーカーの顧客サービスセンターが顧客から商品に対するクレームの電話を受けました。このとき通常の範囲内の不具合であれば、顧客の話をきちんと聞いて、修理や交換に応じればいいでしょう。しかし、「想定外」の不具合であった場合、それが異常な事態だと認識して、不具合の根本原因を見つけ出し、その対策を全面的に展開することが必要になります。

このとき根本原因を見つけて改善しなければ、同様の問題を繰り返してしまうでしょう。改善することを怠っていると、場合によっては、エアバッグメーカーのタカタのように、経営破綻（事業撤退、民事再生）にまで発展してしまうかもしれません。

もちろん、対応方法は事態の深刻度によって変わりますし、その組織の「メンタルモデル（M）」「行動方針（A）」「戦略（S）」「夢のビジョン（V）」の理解度によっても変わってくるのです。

たとえば、部品の不具合の例においては、クレームが次の4つの状況のいずれかに相当するのかで、とるべき行動が変わってきます。

①ひとまず通常の対応で問題ないと判断できる「不安定」な状況
②すでに同様の事態の報告があるが、どのように対応したらいいか不明な「不確実」の事態
③これまで直面したことのない新しい事態だが、想定した方法で対応できると考えられる「複雑」な事態
④これまで直面したことのない新しい事態で、対応方法もわからない「曖昧」の事態

VUCAにおける「想定外」の4つのレベルとその対応

VUCAにおける「想定外」の4つのレベル――「安定：Stable（レベル0）」以外の「不安定：Volatile」「不確実：Uncertain」「複雑：Complex」「曖昧：Ambiguous」――に応じて、OODAループの適用方法は変わります。

たとえば、レベル1「不安定：Volatile」では「メンタルモデルと感情（M）」を見直し、レベル2「不確実：Uncertain」では「行動方針（A）」を見直します。レベル3「複雑：Complex」では「戦略（S）」を見直し、レベル4「曖昧：Ambiguous」では組織の根本にある「夢のビジョン（V）」を見直します。

この自動車メーカーのクレーム対応について、VUCAのレベルごとに見ていきましょう。

【レベル0】安定：Stable　→　想定内と認知、前例の踏襲、現状維持

自社における前例や他社の事例を模倣すればいいと認知される、状況が安定している世界です。

〈対応方法〉

安定していると認知された世界では、「メンタルモデルと感情（M）」「行動方針（A）」「戦略（S）」「夢のビジョン（V）」の見直しは必要ありません。継続的に改善していけばOKです。自社の前例や他社の事例を踏襲して計画を作成し、その計画に従って実行していきます。そして実行した結果を検証して、継続的に改善を進めることになります。状況の認識が正しい限りはPDCAでも十分に対応可能です。

事例においては、クレームの主である顧客の車に装着されていた部品だけが部品受け入れ段階の検査から漏れてしまった不具合品であり、この車の修理、そして今後は部品メーカーの製造段階で品質作り込みを徹底するといったことで済む場合が「安定：Stable」の事態です。

この場合は、決められたマニュアルに従った「みる」→「わかる」→「きめる」→「うごく」→「みなおす／みこす」のループを回して継続的に改善活動をしていきます。

【レベル1】不安定：Volatile　→　「メンタルモデルと感情（M）」の見直し

〈対応方法〉

自動車メーカーの事例において、そのクレームがよくあるもので、リコールという重大事態になりうる可能性もゼロではないが、基本的には通常の対応で済むと判断できるのが「不安定」な事態です。

この場合は「メンタルモデルと感情（M）」が、クレーム発生という状況の変化に遭遇して「行動の足かせ」になっていないかをクレームを受けた社員に確認します。もし、「行動の足かせ」になっているようであれば、すでに共有している「行動方針（A）」を行動に移せない原因を変えなくてはなりません。

つまり、「メンタルモデルと感情の見直し」が必要になります。誰もが抱いてしまいがちな、「重大な事態ではない」という希望的な観測や認知バイアスを捨て去り、あらかじめ「行動方針（A）」にあるリコールの必要性の有無を判断します。

もしリコールが必要であると判断した場合は、関係部門とともにリコール作業を進めなくてはなりません。「コトなかれ主義」の固定観念を変えて、行動できるようにします。

［レベル2］不確実：Uncertain → 「行動方針（A）」の見直し

〈対応方法〉

自動車メーカーの事例において、過去に同様の不具合が発生したリコール対応の前例があるが、「クレームを受けた社員がどのような対応をとったらいいかわからない」という場合が「不確実」の事態です。

この場合は、仮に「必要なリコールには俊敏に対応する」という「戦略（S）」があったとしても、具体的にどのような行動をとったらいいかが不明なのです。そこで、このような場合には「行動方針の見直し」により、関係者が対応できるようにしなければなりません。

顧客サービスセンターと関係部門がとるべき「行動方針（A）」を見直します。リコールが必要かどうかの原因究明をする。もしリコールが必要と判断すれば、リコールの手続きに着手するとともに、広報を通して事態の発表、記者会見の手続きをするように全員に周知徹底します。見直された「行動方針（A）」を全員で確認するとともに、「行動の足かせ」となっている「メンタルモデル（M）」も変えるようにします。

【レベル3】複雑：Complex　→　「戦略（S）」の見直し

「これまで直面したことのない新しい事態だが、事前に想定した方法で対応できると考えられる」のが「複雑」な事態です。この事態には臨機応変な「戦略の見直し」が必要です。

〈対応方法〉

自動車メーカーの事例において、初めて発生する不具合が「複雑」な事態となります。小手先の個別修理で対応するのではなく、不具合の社外発表やリコール対応といった新しい事態への対応のための「戦略（S）」の転換が必要になります。

「複雑」な事態に直面したら、まず「夢のビジョン（V）」に立ち戻ります。この自動車メーカーでは、「ドライバーが安全に運転できること」が顧客価値（夢のビジョン）となっています。顧客価値の視点に立ち、その実現のための臨機応変な「戦略の見直し」をするのです。

「複雑」なクレームが発生した場合は、クレームを受けた社員が「リコールが必要である」と理解し、その対応策を行動に移していくことが必要です。製造、生産技術、広報など関係部門が一体となって対応できるように各部門の「戦略（S）」を見直し、あわせて「行動方針（A）」や「メンタルモデルと感情（M）」までも見直すことで、すみやかに行動に移れるようにします。

【レベル4】曖昧《あいまい》：Ambiguous → 「夢のビジョン（V）」の見直し

これまで直面したことのない新しい事態で因果関係がまったく不明、そして対応方法も先例がなく「どうすればよいかわからない」という状況が「曖昧」の事態です。このような場合は、すべての判断と行動のよりどころとなる「夢のビジョン（V）」が有効に機能していないため、誰にも対応方法がわかりません。こんなときは「夢のビジョンの見直し」が必要になります。

〈対応方法〉

自動車メーカーの事例においては、「致命的な不具合が発生し、一刻も早いリコールが必要」というような事態です。本来であれば、このようなときは顧客第一主義（夢のビジョン）の観点から、すみやかにリコールを開始しなければなりません。もし「曖昧」な状態に陥ってしまうとすれば、「夢のビジョン（V）」がないか不明確、あるいは抽象的であるため、現場がどう動いていいかわからないからです。

このような場合は、改めて顧客の価値や社会的な責任を考えた上で「夢のビジョン（V）」を再定義、あるいは再確認する必要があります。

たとえば、エアバックの不具合はユーザーの安全なドライブをおびやかす事態です。「不具合を放置することは『夢のビジョン（V）』に反する」ということを全社的に明らかにすることから始めなくてはなりません。

「夢のビジョン（V）」を再定義して、その実現のための「戦略（S）」「行動方針（A）」「メンタルモデルと感情（M）」を見直して、組織全体で事態に対処します。

人は「行動方針（A）」や「戦略（S）」が不明だったり、「夢のビジョン（V）」がなかったり、あるいは不明確だったりすると、「想定外」の事態にどのように対応したらよいかわからない――いわゆる〝頭の中が真っ白の状態〟に陥ってしまいます。それを未然に防ぐためにも、「VSA＋M」を明確に定義して、それを組織全体で共有し、必要に応じて見直すことが重要になるのです。

「世界観：VSA」を判断基準にした場合のOODAループの使い方

OODAループは、意思決定をする際に、直観を駆使して判断することを重視します。その基準となるのが「世界観：VSA」です。OODAループの「わかる：Orient」によって、VSAが作られ、随時見直されていきます。

VSAという判断基準を踏まえたOODAループは次のようになります。

みる（見る、観る、視る、診る）：Observe

「みる」とは観察、本質（実世界の現実）を見極める、判断に必要な情報を集めることです。ビジネスにおいては、顧客のニーズ、マーケットの流れをつかむ、現地・現物で感性を総動員して観察し診断し、問題を洗い出すといったことです。

人は同じものを見ていても、人によって見え方が違います。たとえば、同じ動画を見ていても、服装や化粧に目がいく人もいれば、出演者の話し方に関心が向く人もいるなど、さまざまです。これは、人は自分が見たいものを見るためです。

組織の全員が共通の「世界観：VSA」を持つことで、メンバーは個々の関心にとらわれることなく、「夢のビジョン（V）」「戦略（S）」「行動方針（A）」の各視点からビジネスの全体像や流れを見ることができます。「世界観：VSA」が何に注目すべきか、何を見るべきかを誘導してくれるのです。

わかる（分かる、判る、解る）：Orient

「わかる」とは世界を理解して、「世界観：VSA」を持つことです。自分の認識を顧客や現実世界の状況に合わせ、それまでの自分の「世界観：VSA」を見直し、更新していくことです。

世界が理解できると、「夢のビジョン（V）」「戦略（S）」「行動方針（A）」、そして「メンタルモデルと感情（M）」が整理され、「VSA＋M」として構成されていきます。このように世界を理解し、納得し、それに感情がともなうことで、初めて行動に移せる状態になるのです。

きめる（決める、極める）：Decide

「きめる」とは、論理的な意思決定をすること、あるいは直観力を駆使して判断することです。

直観力は「世界観：ＶＳＡ」に基づいており、「ＶＳＡ＋Ｍ」が直観的な判断を可能にしてくれます。

うごく（動く）：Act

「うごく」、すなわち実行するときには、無心でやりきる自己統制力の強さ、克己心が重視されます。感情のおもむくままに動いてはいけません。

みなおす（見直す）：Loop

「みなおす」とは、ひとまずやってみて、その後改めて「世界観：ＶＳＡ」を考え直すことです。状況の不安定さ、不確実さ、複雑さ、曖昧さの段階に応じて、当初想定した「ＶＳＡ＋Ｍ」の構成要素「夢のビジョン（Ｖ）」「戦略（Ｓ）」「行動方針（Ａ）」「メンタルモデル・感情（Ｍ）」を見直します。

第3章

「自ら考える」モチベーションの高い組織を作る「人事制度：GPDR」

「人事制度：GPDR」を導入することで、公平な人事評価が実現するとともに、組織全体のモチベーションが劇的に向上します

●従業員のモチベーションが低い

- 従業員が「やらされ感」ばかり感じていて、やる気が起きない
- 従業員は、自分ができることかやりたいことしかやろうとしない
- 新卒・中途採用で優秀な人を採用できない

●旧態依然の人事からの転換

- 評価が不当で、なおかつ本人にフィードバックされていない
- 減点評価の風土のせいで、誰も新しい挑戦をしなくなっている
- 社員は会社に要求するばかりで当事者意識がない
- 社内が利己主義者ばかりになっている

【危険！】「組織の殺し屋」はこんなヤツだ!?

皆さんの会社に、次のような行動をとっている人はいませんか？

●会議において

・あらゆる問題について十分な検討をする
・十分に検討するために、委員会を作り、できるだけ多くのメンバーが会議で議論するように仕向ける。会議で発表する資料は、どのような質問にも回答できるように入念に準備する
・質問の回答に必要と思われる資料を関係する部門に提出してもらう
・会議の議事録などの文書は、誤解が生まれないように発言内容を忠実に記載する。表現に注意して細かな言葉尻にもこだわる
・会議では、疑問点があれば、前回の会議で決められたことでももう一度戻っ

て議論する

- 会議の議論では、出席者に注意深さや道理をわきまえた発言をするようにうながす
- のちのち問題が発生して大事にならないように拙速ではなく慎重に判断する
- 会議の関係者を必ず出席させる。会議を優先することを徹底させる

●組織

- 社内規定などの手順を徹底的に守るようにする
- ほかの部門の関係者とは直接やり取りしない。必ず部門の上司など指揮命令系統に従い、手続きを飛ばして仕事を進めないようにする
- 会社内や部門内の立場や意思決定権限を必ず守る
- あらゆる行動について自分の部門内の権限でやっていいのか、上層部の判断を仰がなくてよいのか、必ず確認してから進める

●管理職

- 仕事のできない部下であってもえり好みして不当に評価して昇進させる
- 仕事のできる部下であっても気に入らなければ、間違いを非難し、不公平な評価をする
- 部下にすべての規則を厳格に守るように指示する
- どんな仕事を進める場合にも必ず承認を取らせる。自分だけで承認できることでもほかの関係者の承認をもらうことを求める
- 部下にできるだけ多くの書類を作成させる
- 重複した資料が入っていても１つ１つの書類が完全に網羅しているように作らせる
- いくら時間がかかっても、完成度の高い資料を作成するように指示する
- 仕事を依頼するときには、作業手順を重視して依頼する。重要ではない仕事であっても作業手順にこだわる
- 部下が過ちを引き起こしても全体に影響がないように、すべてを任せないようにする

・重要な仕事かどうかの判断はさせず、ただ指示した作業だけをさせる

●従業員

・いくら時間がかかっても仕事の準備、計画を丁寧に行なう
・上司の時間が空くのを待って、準備した内容を上司に確認してもらう。上司からもらったコメントの内容について見直しを繰り返す
・システムなどのツールが仕事に不効率であっても我慢して使う
・仕事がうまくいかない場合には、自分の責任でないことを明確にする
・仕事のできない理由を仕事の与えられ方が悪いなどと他人や会社のせいにする
・苦労して学んだノウハウをほかの人に教えない
・仕事の経験やノウハウは自分が苦労して獲得してきたもの。自分の評価にならないことで他人と助け合ったり、協力したりしない
・誰もが興味をそそられる噂話をする

・会社側に従業員処遇の問題をできるだけ多くの従業員を巻き込んで追及する
・「会社が十分な説明をしていないので納得いかない」と主張する。会社側がどんな説明をしても自分が納得できないと主張して追及をゆるめない

●電話

・オフィスなどで電話を取り次ぐときに、取り次ぐ電話番号を間違える、忘れるなどのさまざまな理由で取り次ぎがない

●移動

・出張旅行の際に、日程や時間、フライトや列車の予約や発券を間違える

●オフィスその他

・オフィスなどの建物の機能を破壊する

・鉄鋼、炭鉱、農業などの生産、鉄道、陸路、水路などの輸送、通信、電力の機能を破壊する

・組織のモラルを低下させ混乱させる

意図していなくても結果的にこのような行動をしている人は、組織の労働生産性を下げ、組織を破壊することに加担しています。まさに「組織の殺し屋」です。

組織を崩壊させるためのCIAスパイマニュアル

135ページから140ページまでに列挙した項目は、CIAの機密文書「組織

を破壊するスパイ実践マニュアル」から抜き出したものです。

第二次世界大戦時に、アメリカは敵国ドイツにスパイを潜入させてドイツ国内の組織を破壊する活動に従事させました。

その際に、スパイが組織を崩壊させるために現場で何をすべきか、具体的な行動を指示したのがこのマニュアルです。

ただし、この作戦は日本では展開されませんでした。アメリカが日本にスパイを潜入させなかったのにはいくつかの理由があります。

その理由の1つが、すでに日本の組織はこのような状態に陥っていたからと考えられます。各人が意図していなくても、多かれ少なかれ生産性を下げる仕事の仕方をしてしまうという日本型組織の弊害を抱えていたのでしょう。そのため、第二次世界大戦時にはスパイが活動するまでもないほどに日本人の生産性は低かったのです。

「各人が意図していなくても、多かれ少なかれ生産性を下げる仕事の仕方をしてしまう」——現在もこうした日本型組織はたくさん存在しています。本来であれば「自ら考える組織」に変わらなければならないのですが……。

OODAループとVSAを実践する「自ら考える組織」

「自ら考える組織」とは、自律分散組織のことです。事業によってはフラットな組織、ネットワーク組織になっていることもあります。私たちはこれらの組織を「ワクワクする組織」と呼んでいます。**「1人1人が目的に向かって進む。お互いが切磋琢磨し、刺激を与え合いながら一緒に喜びを分かち合う」ワクワクする組織です。**

ある日本の企業にこの自律分散組織の導入を提案したところ、その企業の役員の方が「入江さん、それはまさしく『ワクワクする組織』ですね」とおっしゃって以降、「ワクワクする組織」と呼ばれるようになりました。

「自ら考える組織（自律分散組織）」ですが、もちろん各人がバラバラで、自由放任というわけではありません。全員がVSAを共有しています。そのため、自然と管理する必要がなくなっているのです。**全員が自らリーダーシップをとっているために、自律分散組織になるのです。**

組織にOODAループを導入することにより、メンバー1人1人が仕事の本質を見極めた効果的な行動ができる環境を作ることができます。その動きをさらに加速させる仕組みがこの章で紹介する「人事制度：GPDR」です。GPDRを導入すると、社員の仕事を細かく管理する必要がなくなります。その結果、管理職の数が大きく減って、全員がリーダーとして動くことになり、自然とフラットな組織になっていくのです。GPDRは次の4つから成り立っています。

G（Goal Setting：VSA、目標設定）
P（Performance Review：パフォーマンス・レビュー）
D（Development：能力開発、後継者育成）
R（Rewards：褒賞、昇進）

わかりやすくいえば、**GPDRとは企業の「夢のビジョン（V）」の実現と個々人の活動の方向性や褒賞・昇進を結びつけることです。**

GPDRでは、「G：Goal Setting」「P：Performance Review」「D：Development」「R：Rewards」の4つの段階が相互に連携することが求められます。

組織のメンバーがそれぞれ主体性を発揮できることを目的にGPDRを導入する

のです。そうすることでOODAループが十分に機能するようになります。
GPDRを順に見ていきましょう。

目標を設定して、組織全体でVSAを共有することで「権限委譲」を進める

GPDRの最初の「G（Goal Setting：VSA、目標設定）」の段階で、まず目標を設定します。組織の全員にVSAを書いてもらいます。

V（Vision：夢のビジョン）
5年先以降の自分や会社のなりたい姿、および社会や顧客のイメージ。

S（Strategy：戦略）
今後3年から4年ほどかけて取り組む、「夢のビジョン」を実現するために何を

どうしたいのか（戦略）。

A（Activities Directions：行動方針）

今後、1〜2年かけて取り組む行動の方針です。行動の状況を把握するために重要な評価指標（KPI）などを使います。

組織を運営するにあたっては、リーダーの「夢のビジョン」と各メンバーの「夢のビジョン」が合致していなければいけません。全員で共有した「夢のビジョン」の実現を目指して行動するのです（104ページ）。

世界観はVSAに「メンタルモデルと感情（M）」を加えた「VSA＋M」で構成されますが、文書の形にして社内に公開するのはVSAまでにします。

リーダーの「夢のビジョン」とメンバーの「夢のビジョン」はヒモづくようにします。各人がその「夢のビジョン」を実現するための戦略を決めて、「行動方針（A）」に落とし込んでいきます。「行動方針（A）」については定量評価ができるようであれば評価指標（KPI）とその目標値を設定します。

上司は、部下が自分の「G（VSA・目標設定）」に向かって仕事を進められるように助言・支援します。上司の仕事は、部下に指示することではなく、部下が「夢のビジョン」を実現するための相談に乗り、うまくいっているかどうかを確認することになります。そして最終的には、上司は主体的に行動する部下を支援するようにします。これは子どもを育てる親とまったく同じ役割です。子どもと同様に期待しすぎると、部下はプレッシャーに押しつぶされかねないので、注意が必要です。

部下は自分のやりたいことと、会社がやりたいこととのすり合わせができていますそのため、「行動方針（A）」を自分で決めて、上司から助言や支援を得ることで、それを現場で実践するのです。これは実質的な「権限委譲」になります。


組織において「夢のビジョン」の共有は欠かせません。「夢のビジョン」が共有できているかいないかで、従業員の満足度は大きく変わってきます。

たとえば、多くの企業において、従業員の不満としてしばしば上位にくるのが、「会社や経営陣のビジョンが見えない」「コミュニケーションがとれていない」ということです。国別に見ても日本が最低水準となっており目立っていますが、このような不満が出てくる原因は、そもそも「夢のビジョン」を含む世界観の共有ができていないためです。「夢のビジョン」を共有しないで、結果だけで評価されてしまっては、従業員は「ビジョンが見えない」という不満とともに離れていきます。

「夢のビジョン」は組織全体ですり合わせることが重要です。会社によっては、社内ホームページや社内掲示板に全員のVSAを公開しています。これにより「誰が何をしているか」や「これから何をするか」などが一目瞭然になります。実はこれが進むと、職務記述書もいりません。最終的には組織図というものがなくなるのです。

たとえば、定常業務のVSAだけでなく、特別なタスク専用のVSAが生まれたり、1人が複数のVSAを持つケースもでてきます。また、VSAやプロジェクトごとにチームを組んで仕事を進めるようなこともあります。つまり、**VSAが仕事の起点として機能するようになる**のです。

また、メンバー1人1人がVSAを持っている組織では、オフィススペースも変化します。同じVSAを持った人たちが集まって仕事ができるようなコラボレーションの場ができるのです。これまでの会社のように部署ごとに固まって仕事するというスタイルから脱却します。仕事をする物理的な場所から解放され、リモートワークやノマドワークも可能となっていきます。

「行動方針」とKPIを利用した主体的な目標設定により、全員が一丸となる

社員の実績を定量的に評価できるというタイプの企業では、VSAの「A」は「行動方針（Actions Directions）」と評価指標（KPI）の目標値を設定します。ただし、従業員の「行動方針」とKPIや目標値は個々人が主体的に決めるようにします。なぜなら、上から強引に目標値を押しつけられると、権限委譲が進まないからです。

この章では、かつて私たちが指導したある企業における事例をもとにケーススタディ化した「業績が低迷する営業。形骸化されたノルマ管理」を見ながら、GPDRを具体的に説明します。

このケースは、大型設備とそれに付随する部品の販売を中心とする企業の業績低

迷の事例です。この会社はトップダウンのノルマによる管理統制が中心でした。ライバル企業との競争が加速する中、トップはますます営業部門への管理を強めようとしていたのです。

営業部門の各メンバー間の心はバラバラです。個々の営業マンの能力に依存する体質になっており、管理を強めれば強めるほど経営陣と現場の営業マンの心が離れていきます。そして、社内の全員が短期の数字を追うことしか頭になくなっていきました。

さて、この会社の営業マンには2種類のタイプがいます。いわゆる野生的なカンで新規顧客を探して契約を取ってくる天性の営業マンとそれ以外の普通の営業マンです。天性の営業マンほど社内の事務手続きにルーズだったりするので、上司にとっては扱いづらい〝面倒な存在〟です。

一方で、上司もあまり部下の手腕を認めたり尊敬の念を表したりしないため、天性の営業マンはモチベーションが上がらず、新規顧客の開拓に熱心に取り組もうとはしませんでした。そのほかの多くの普通の営業マンも行きやすい既存の顧客に訪問するだけの〝御用聞き〟と化しており、メインの商品を売るのではなく、交換部品や補充部品の売り上げを競っているようなありさまでした。

そこで、私たちはまず会社全体と営業部門の「夢のビジョン（V）」と目標を設定し直すことを提案しました。

顧客価値に焦点を当てて、「顧客の感動」が「夢のビジョン」であるとしました。そして、営業マンたちには顧客を感動させることで数字がついてくるという考えを徹底させました。それに合わせて個々人のVSAと目標を設定したのです。

短期の数字を追うのではなく、長い時間をかけて「ロイヤルカスタマー」を育てていくという発想です。ロイヤルカスタマーとは「長期的にパートナーシップを築いていく顧客」のことです。このときは、まず対象地域にある潜在的な顧客企業をリストアップし、各企業の売上高可能値を推定しました。取引をするべきターゲットの顧客を決めるために、売上高可能値が高い企業を上から順番に並べます。これらの上位顧客を、長期的にパートナーシップを築いていくターゲットカスタマーと設定します。

その中には、すでになんらかの取引やコンタクトのある顧客もあれば、まったくコンタクトのない顧客もあります。コンタクトのない顧客については、展示会に招待したり、個人的なネットワークによる紹介をしてもらったりするなど、ありとあらゆる方法で、組織をあげてアプローチします。

さらに「ターゲットカスタマーに対応した社内のプロジェクト組織」も作りました。というのも、顧客への聞き取りから見えてきたのは、多くのターゲットカスタマーが求めているのは、単発のサービス提供ではなく、製品販売、リース、部品販売、サービスまでをパッケージにした一括の利用時間をベースにした契約だったからです。つまり、必要なときに必要なタイミングで対応してくれるパートナーの存在だったのです。

そこで、利用時間ベースの契約のパッケージを作り、設備販売、部品販売とサービス別に対応していたそれまでの体制を見直して、各ターゲットカスタマーごとのアカウントチームを編成しました。各アカウントチーム内では、営業マンがもたらす情報を共有して、どのような製品やサービスを提案するべきかを決めます。

こうすることで、営業マン同士は競争するのではなく、成功事例や顧客情報を共有する関係になっていきます。そして結果的にターゲットカスタマーを囲い込むことに成功できたのです。

確実に効果が出る「1 on 1ミーティング」の進め方

次に「P（パフォーマンス・レビュー）」について解説します。

GPDRの「P（パフォーマンス・レビュー）」においては、仕事のスキルではなく、設定した目標に到達した度合いをレビューするようにします。レビューとは振り返ってみることです。

多くの日本企業では、上司と部下がろくに話し合うこともなく、上司が一方的に部下を評価するというケースがよく見られます。一応はその上司よりも上の役職の人間が評価内容をチェックできる形にはなっていますが、ほとんど機能しておらず、たいていの場合、上司が部下を奴隷のように扱える制度になってしまっています。このような従来型の上司から、部下に助言したり支援したりするタイプの上司へと転換することが重要です。

「P（パフォーマンス・レビュー）」のやり方には、毎週1回行われる「1 on 1ミーティング」と、半期に1回程度のペースで行なわれる「ラウンドテーブル」の2つがあります。

1on1ミーティングはシリコンバレー発祥の非常に有効な一対一のコミュニケーション方法です。**部下が上司に考えていることや悩みを相談し、上司は部下のそれを聞き、適切にアドバイスすることで信頼関係が醸成され、組織が一枚岩になっていきます。**

最近、日本でも1on1ミーティングを導入する会社が増えてきました。しかし、実際には上司から一方的にお説教や注文、ダメ出しを受けるだけ……という残念なケースが多いようです。

1on1ミーティングの会話において上司が心がけるのは、部下が話しやすい雰囲気を作ることです。話しはじめは、近況や趣味の話などなんでもかまいません。その流れから徐々に仕事に関する悩みや将来の夢などを聞いていきます。VSAが共有されている組織であれば、自然と会話はその部下のVSAに関連する話題になっていくでしょう（図3－1）。

また、1on1ミーティングの席では、VSAの「A（行動方針：Actions Directions）」として設定された評価指標（KPI）の実行状況のレビューも行ないます。

VSAの目的

顧客の立場に立ち、**社会的に意義**のある事業を行なう

仲間が同じ意義のある夢に向かって**情熱**を持って取り組む

組織のメンバー全員が**助け合い**、一枚岩になって行動する

メンバー1人1人が**自ら**判断して、行動できる

課題を**完全に共有**して対処する

1on1ミーティング

顧客の立場に立ち、社会的に意義のあることを行なっているとの**認識**を持つ

夢に向かって情熱を持って取り組んでいることを**認識**し理解する

悩みなどの解決に**助言**し親身になって支援する

メンバー1人1人が自ら判断して、行動できるように**アドバイス**する

課題を**完全に共有**して対処を支援する

図3-1　VSAを使い、1on1ミーティングで随時、レビューしアドバイスする

そのときの会話は、結果についてその原因を考えるトヨタの〝5回の「なぜ」分析〟のような「なぜなぜ会話」です。これにより部下は、常に目的を意識して自ら考え内省することを習慣化するようになります（図3－2）。

このときに上司は、仕事への取り組み方法や勉強の仕方をアドバイスしたり、優れた成果について評価するようにします。特に意識することは、本人が自分では気づいていないこと（特に良い点）を気づいてもらうことです。鏡に映すようにスムースに本人に気づいてもらうように誘導できれば、言うことはありません。

1on1ミーティングにおける会話から、その社員のVSAがうまく進んでいるかどうかが見えてきます。どんなことにチャレンジしてどのような成果が出て、どんな悩みを抱えているかを上司と部下で共有します。そして、共有できたところで、上司は「**あなたのVSAに対して、私ができることは何かありますか？**」と質問するのです。

この質問をすることで、部下は助言を求めてくるでしょう。そこで初めて、上司は自分が思いつく限りのアドバイスをするのです。

また、部下が成果をあげているようであれば、即座に社長賞や部門長賞などの表

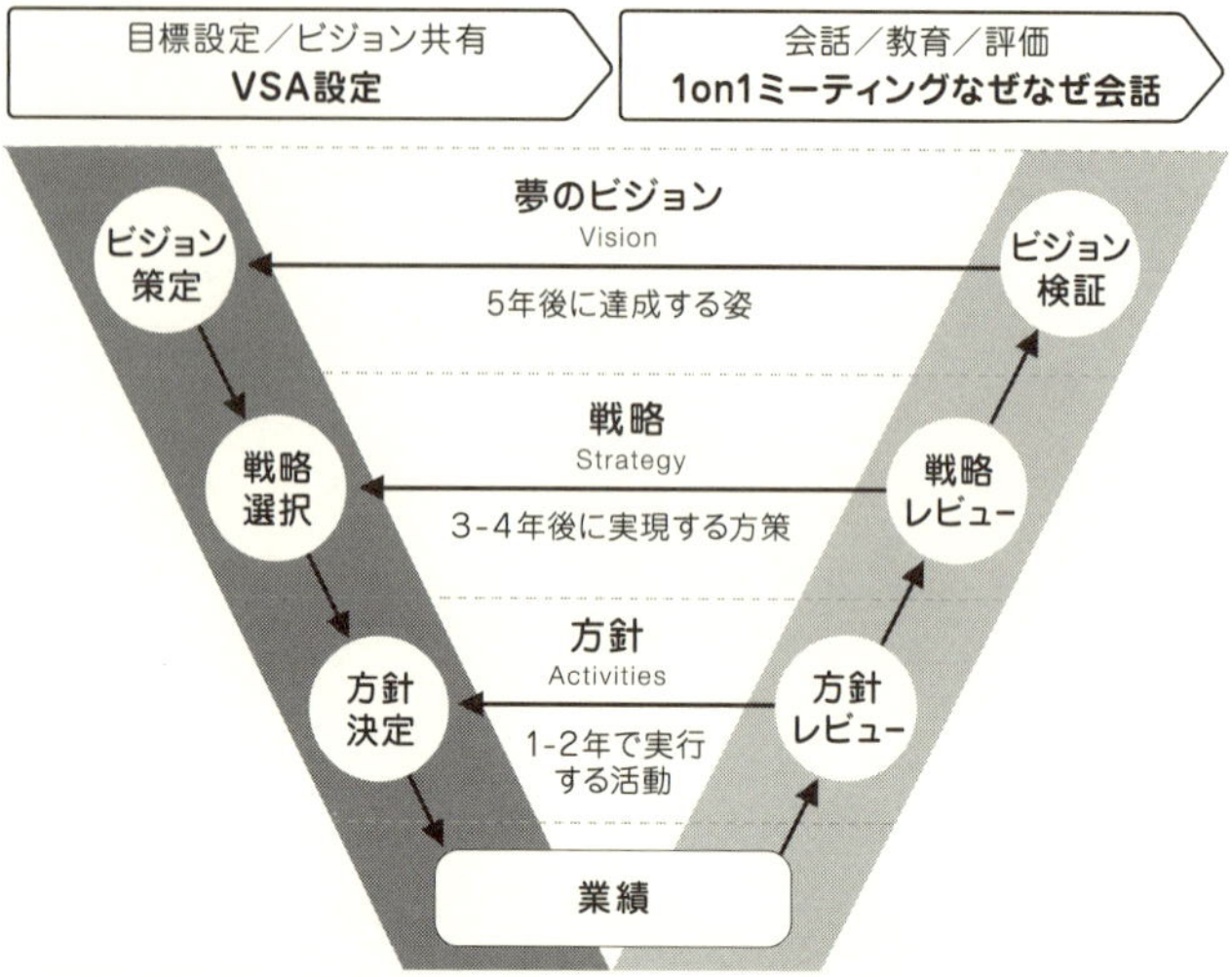

ビジョン策定
- 内外要因の趨勢を見極める
- 夢のビジョンを決め、顧客や社員と共有する

戦略選択
- 内外情勢を見極める
- どの顧客に何をどのように届けるか決める

方針決定
- 顧客別に関係組織部門の役割と連携方法を決める
- 顧客別にプロダクト/サービスの提供方針を決める
- 成功事例の横展開をする

ビジョン検証
- ビジョンを実現するためにどうしたらいい?
- うまくいってない理由は?どうしたらいい?

戦略レビュー
- 戦略を遂行するためにどうしたらいい?
- うまくいってない理由は?どうしたらいい?

方針レビュー
- 方針を実行するためにどうしたらいい?
- うまくいってない理由は?どうしたらいい?

業績
- 業績を向上させるためにどうしたらいい?
- うまくいってない理由は?どうしたらいい?

図3-2　1on1ミーティングでの質問例

彰対象にノミネートすることも忘れてはいけません。

「能力やスキル」よりも、「夢のビジョン」への貢献度を評価する

さて、「P（パフォーマンス・レビュー）」において最も重視すべきは「『夢のビジョン』の体現度」です。これまでほとんどの日本企業では、「能力やスキル（コンピタンシー）」が評価軸とされてきましたが、それを転換するのです。

たいていの優秀な人間は、評価ポイントを稼げるだけの「能力やスキル」を保有していますし、それを社内にアピールする術を持っています。従来の制度だと「能力やスキル」をうまくアピールできる人だけがどんどん出世します。つまり、「自分が、自分が」というタイプの人だけが生き残るのです。

たとえば、社内の有能な若者からすれば、そういう人は確かにスキルがあって評価されてはいるものの、それだけの「自分本位」の人としか見えません。また、そういう「自分本位」な人がどんどん出世するような人事がまかり通っていると、会

社に嫌気がさして、さっさと辞めてしまうでしょう。

そのような状態から脱却するためには、**「たとえ能力があっても『夢のビジョン』の実現にエンゲージメントしない社員はいらない」**という姿勢を会社が明確にする必要があります。

つまり、**P（パフォーマンス・レビュー）では、狭義のパフォーマンス（業績、成果）に加えて、「夢のビジョン」に対する貢献度の2つの次元で評価をする**のです。今のところ、このような「夢のビジョン」を取り入れた2次元評価をしている日本企業はほとんどありません。

GPDRによる「P（パフォーマンス・レビュー）」においては、個々人の目標設定項目には、「VS（「夢のビジョン」と「戦略」）へのエンゲージメント」と、「A（行動方針）」と「評価指標（KPI）」があります。

「VSへのエンゲージメント」は、目指す「夢のビジョン」と「戦略」を実現するために必要とされる個々人の姿勢や行動です。これを個々人における〝リーダーシップ〟とします。そして、「A（行動方針）」とKPIが従来の狭義のパフォーマンス（業績、成果）にあたります。

リーダーシップとパフォーマンスの2次元を3段階で示したものが「9（ナイン）ブロック」という評価ツールです。社員を評価する際には、その人に関係する上位の管理職全員が出席して、その人が9ブロックのどこに位置するかを「ラウンドテーブル（円卓）」上で決めます。その席では、事実に基づいた公平なレビューをします。図3－3のように縦軸がリーダーシップで横軸がパフォーマンスを示します。

さて、先ほどのケーススタディ「業績が低迷する営業。形骸化されたノルマ管理」の続きです。

私たちは、この会社にGPDRを取り入れるのにあたって、営業マンを2種類のタイプに分けて役割分担するようにしました。まず、能力の高い野性的なカンのある営業マンは新規顧客を開拓する「ハンター（狩人）」と位置づけます。それ以外の新規開拓が苦手な営業マンは「マイナー（深掘り人）」と位置づけます。また、場合によっては「ハンター」の素養を持つ若手社員をベテランの「ハンター」に同行させるような新規開拓チームを組むこともあります。

このような現場では、上司は部下を管理する役割ではなく、助言・支援をする役

A:方針・成果 パフォーマンス

VS:ビジョン・戦略 リーダーシップ

	超越	着実	未達	
ビジョン リーダーシップ	1 次世代リーダー	2 優秀	3	**全体の20%** 今すぐにでも上位任務の担当が可能
戦略 リーダーシップ	4 優秀	5 屋台骨 60-70%	6	**全体の70%** 1-3年以内に上位職務の担当が可能
遺産の保持	7	8	9 要改善 ミスマッチ改善プログラム(PIP)	**全体の10%** 今の職務が限界
	全体の20% 120%以上の達成	**全体の70%** 100%以上の達成	**全体の10%** 80%以下の達成	

GPDRにおいては、
従来のパフォーマンス(業績、成果)に
偏った評価ではなく、組織や自分の
「夢のビジョン」や**「戦略」**に対する
実現の度合いも含めた
2次元で評価をします。

図3-3　9ブロック評価

割になります。部下の業務を細かく管理するのではなく、彼ら１人１人が主体的に行動できる組織になるようにあと押しするのです。そして、いずれのタイプにせよ、各営業マンはＶＳＡの目標に向けていかにリーダーシップを発揮したかという点が評価ポイントとなります。

複数の評価ポイントを設定したほかの事例も紹介しましょう。コンピュータプロダクト製品の販売を中心としてきた企業がクラウドサービスにシフトをしたケースです。シフトする際にＧＰＤＲを導入しました。

この会社では、営業マンの評価指標を「全体の売り上げ」と「サブスクリプション（定期・定額利用）の売り上げ」の両建て目標に変更したのです。

この目標設定のもとでは、売り上げの全体目標を達成しても、サブスクリプションの目標が未達だった場合、あるいはその逆の場合でも、高い評価やインセンティブは得られないようになっています。すると、各営業マンは、両方の目標をどのように達成するかを主体的に考えて動くようになり、さらにお互いに協力し合うようになったのです。

不公平な人事評価を一掃する「ラウンドテーブル評価」

個々の社員に対する定期的な人事評価は、半期または四半期ごとに、ラウンドテーブル（円卓）形式でのセッションで行なうのが有効です。ラウンドテーブルには、参加者の上下関係をフラットにして、立場に関係なく意見を述べやすくするという効果があります。通常の四角いテーブルでは、どうしても上座や下座といった上下関係を意識せざるを得ません。

日本の組織が陥りがちなのは、属人的なつながりを重視した評価です。上司とどれくらい親しいかで個人の評価が決まってしまいがちです。上司は、部下を能力ではなく、自分の意見によく従うかどうか、あるいは好きか嫌いかといった感情で評価するケースが数多く見られます。その結果、人事評価が形骸化してしまったという企業がいくらでもあります。上司に嫌われた部下は不当に悪く評価され、なおかつ評価結果が本人にフィードバックすらされません。

ラウンドテーブル評価では、評価の対象者よりも上の役職で、その人と一緒に仕事をする機会が多い20人前後を集めて、対象者がＶＳＡに基づいて、どういうリードをしてどういう成果を出したかについて評価します。縦軸がリーダーシップ、横軸が（狭義の）パフォーマンスへの貢献を示す9ブロックをもとに、初めに対象者の直属の上司が評価を発表します。

ラウンドテーブル評価を始めると、最初に変わるのが上司の意識です。上司は自分の評価の根拠をみんなの前で説明せざるを得ません。

ケーススタディ「業績が低迷する営業。形骸化されたノルマ管理」でも次のようなおべっか人事が明らかになりました。

ラウンドテーブル評価の席で、上司本人はまったく意識することなく、その部下がいかに自分に貢献してくれたかをとうとうと説明したのです。すると、組織の「夢のビジョン」に対する貢献ではなく、個人的なおべっかに喜んで評価していたということに周囲はもちろん、上司本人も気がつきます。私たちがこれまでにかかわったケースでは、こうした間違った評価をしていた上司が少なく見積もっても2割くらいはいました。

このラウンドテーブル評価によるパフォーマンス・レビューが機能して、公平性を保てるようになると、部下は上司のためではなく、「夢のビジョン」にのっとった主体的な行動がとれるようになるのです。

また、一匹狼タイプの営業マンもＧＰＤＲで評価されるようになると、積極的にリーダーシップを発揮するようになります。

適切な育成プログラムにより、後継者の直観力をきたえる

次に「Ｄ（能力開発・後継者育成）」を見てみましょう。

目標設定の際に、必要なスキル開発トレーニングを計画して、個々人に能力やスキルの足りないところをアドバイスしたり、現場でＯＪＴ（オンザジョブトレーニング）や教育訓練を受けさせたりすることを決めます。

上級マネージャーの後継者の育成も、このトレーニングを通じて行なうようにします。「サクセッションプラン（後継者育成プラン）」は次のように進めます。社長以下、主要なポジション（役職）について、その後任者（候補）を3人ほどリストアップし、人事部に提出します。将来、上級マネージャーが役職を離れたときに、後継者の中

の第一候補の人がスキルや経験の要件を満たした上で後任を果たせるように、上司が事前にサポートするのです。

サクセッションプランの情報は、上級マネージャーの階層で共有するとともに、「P（パフォーマンス・レビュー）」のラウンドテーブル評価の席でも共有するようにします。そうすることで、不公平なおべっか人事はなくなります。

また、後継者育成の際には、本人に直観力を身につけさせるための鍛錬をさせます。直観力とは生まれつきのものではなく、経験を積み、鍛錬することで身につけるものです。第2章でも直観力に触れていますが、直観力とは、ひらめきではなくイメージで、意識的ではなく無意識的に結論に到達できる力です。そして、直観力を身につけるには「世界観：VSA」を持つことが必要です。それによって、その場、その瞬間にOODAループの「D（きめる）」ができるようになるのです。

ここでは生産現場における直観力を例に説明しましょう。

製造業の生産ラインの担当者には、鋭い観察力が求められます。言うなれば、野性的な感性で生産ラインの異常を察知する力です。現場における鍛錬を通じて、直観で反応する感覚を身につけることが必要です。

直観力を身につけるための方法、すなわち直観力を持つ達人（巨匠、エクスパート）になるための鍛錬の仕方について見てみましょう。これは、「人間は技術の習熟度が上がるにつれて専門知識よりも直観力に頼るようになる」という、ドレイファス兄弟の研究に基づいた考え方です。ドレイファス兄弟は、この考え方をベースに直観力習得の段階「コンピタンシーモデル」を定めました。技術を身につける道筋を明らかにすることで、初心者が直観力を習得した達人になるまでを短期間で実現できるようにするのが目的です。

直観力習得の段階「コンピタンシーモデル」では、初心者から直観力を身につけた達人までの5段階を定めています。

1　初心者（Novice）……マニュアル、チェックリスト、指示、ルール、方法論、教科書、参考書、レシピ本が必要な段階です。

2　中級者（Advanced Beginner）……ガイドラインが必要な段階です。作業や対応方法について迷ったときに、ガイドラインや参考書に戻り、どのようにしたらいいかを記述している箇所を見つけ出して参考にします。

3 上級者（Competent）……新しい問題に直面しても、これまでの経験を応用することで解決できる段階です。臨機応変な対応が可能ですが、まだ、自分で問題を探し出して解決することができません。

4 熟練者（Proficient）……仕事と問題の全体像を理解した上で行動でき、自らの行動を振り返り、自己改善することができる段階です。

5 達人（Expert）……直観で動ける段階です。膨大な経験があり、想定外の事態が発生したら、その経験を引き出して応用することで、問題解決の最適解を出せます。

「GPDRは永遠にやる」という姿勢を見せることが重要

最後に「R（褒賞：Rewards)」について見てみましょう。

社員の基本的な待遇、ボーナスの額、昇格・昇給、表彰制度、「いいね」評価、株式付与など、多様な仕組みをGPDRに基づいて制度化します。

ここで**重要なのは「GPDRは永遠にやる」と示して、会社が本気であるという姿勢を見せること**です。GPDRは改革を包括的に継続していくことで成果が出る仕組みです。成果が出たか出ないかわからない、曖昧なところでやめてしまうと、組織が傷つくだけでかえって逆効果です。単発の打ち手だと意識改革が途中で失われてしまい、モチベーションが改革以前のレベル以下まで下がってしまうこともあります。

これについては研究報告があります。改革によって悪くなってしまったケースですが、短期間のうちに改革を繰り返すことの影響という意味で興味深いエピソードです。

シカゴ大学が行なったイスラエルの保育園での調査です。この調査結果の一部はビジネス書などでよく紹介される事例なので、すでにご存じの方もいるかもしれません。

この保育園では、保護者の園児引き取りの遅刻を抑制するために、遅刻に対して数千円の罰金を科しました。ところが、狙いに反して、遅刻は増加してしまいます。そして、10週間経ったのちに保育園が罰金を廃止したら、その後さらに遅刻が増加してしまったというエピソードです。

人間は「罰金」という名目であれ、お金で解決できることはお金で済ませようとする傾向にあるというのが、調査から読み取れるメッセージですが、注目すべきは「罰金を廃止したら、さらに遅刻が増えた」というところです。何度も施策を変えたことから、保護者たちの心が離れてしまったのです。

要は、制度を変えた際に、保育園が本気であることを保護者が十分に理解するまで、徹底して罰金を継続することが必要だったのです。

今回のケーススタディ「業績が低迷する営業。形骸化されたノルマ管理」においても、改革を導入した当初、数字は大きくへこみました。しかし、以前から問題意識を持っていた1～2割の人たちが「改革をやり切らなくてはいけない」とがんばってくれたおかげで、なんとか売り上げを短期で回復することができたのです。

ただし、当初は社員の中に既得権がなくなるため反発する人たちも出てきます。別のある企業にGPDRを導入した際には、旧態依然の意識を変えられなかった中間管理層を中心に15パーセントほどの社員が退職したというケースもありました。

GPDRは目標設定から褒賞・昇進までシームレスに運用する

多くの企業で見られるのは、GPDRの各段階の間における亀裂です。

たとえば、目標設定が十分にされていないのにもかかわらず、人事評価の席で上司からいきなり「こんなことを期待していた」と言われるのは、「G（VSA・目標設定）」と「P（パフォーマンス・レビュー）」の間の亀裂です。社員からは「そんなことは先に言ってくださいよ」という不満が出ます。

次の質問をすることで、「G（VSA・目標設定）」と「P（パフォーマンス・レビュー）」の間に亀裂が生じているか、いないかがわかります。

・会社の「夢のビジョン」、戦略、方針に重点を置いた目標が設定されていて、その目標の達成度合いについてのパフォーマンスをレビューされているか?
・「目標とパフォーマンス・レビューが連携している」と従業員から受け止められているか?
・「パフォーマンス・レビューが個人的なひいき目で行なわれている」と従業員から思われていないか?

従業員に対するパフォーマンス・レビューに基づいて従業員の育成が議論されず、いきあたりばったりの教育がされている場合は、「P(パフォーマンス・レビュー)」と「D(能力開発・後継者育成)」の間の亀裂です。

この場合、従業員に「会社が従業員の育成や能力開発に後ろ向きである」と思われる危険があります。

次の質問をすることで、「P(パフォーマンス・レビュー)」と「D(能力開発・後継者育成)」の間に亀裂が生じているか、いないかがわかります。

・上司が部下に対して、部下自身の専門的能力を開発するという目標を持った上で仕事を計画・実行することを求めているか？
・部下が上司と自らのキャリアパスについて議論をしているか？
・上司が自分の後継者を想定し、その後継者候補が後任となるために必要な能力開発が行なわれているか？

「P（パフォーマンス・レビュー）」に基づき、能力開発計画にしたがって昇進が決定されるのが正しいあり方です。

次の質問をすることで、「D（能力開発・後継者育成）」と「R（褒賞・昇進）」の間に亀裂が生じているか、いないかがわかります。

・多くの従業員が「昇進は能力ではなく、えこひいきで決められている」と感じていないか？

「R（褒賞・昇進）」は、設定されたVSA・目標にしたがって行なわれます。

次の質問をすることで、「R（褒賞・昇進）」と「G（VSA・目標設定）」との間に亀裂が生じているか、いないかがわかります。

・**従業員に対する褒賞や昇進は、会社の「夢のビジョン」、戦略、方針、目標に対する貢献に関連づけて決められているか？**

・**従業員が、自分と関係しないグループの目標未達によって評価を下げられて、不満を持っていないか？**

・**従業員が「褒賞や昇進がひいき目で決められている」と感じていないか？**

これらの質問をすることで、GPDRの各段階の間の亀裂がないかを調べて、完全にGPDRがつながっていることを、現場で確かめるようにします。

「自ら考える」モチベーションの高くなった組織

従業員が主体的に仕事に取り組み、成果が出るまであきらめずにがんばる気持ち（エンゲージメント）が高くなってきたら、「人事制度：ＧＰＤＲ」を次のステージに移行します。

そこでは、ＧＰＤＲの各段階で従業員に裁量権が与えられます。

たとえば、ラウンドテーブル評価による「Ｐ（パフォーマンス・レビュー）」は必要なくなります。従業員１人１人が、自らの業績を評価をし、自らの上司を決め、自らの給与を決める段階に移行します。この段階に達した組織が、「自律分散組織：ＤＡＯ（Distributed Autonomous Organization）」「ホラクラシー組織」「ティール組織」「セムラーイズム」などといわれている、次世代型「ワクワクする組織」です。

第4章

組織の生産性を劇的に上げる付加価値ベンチマーキング「ＰＭＱＩＲ」

付加価値ベンチマーキング「ＰＭＱＩＲ」は、会社からムダな仕事を追い払い、全員が付加価値の向上につながる重要な仕事に集中できるようにします

●スピードと品質向上

- 仕事を正確に、あっという間に終わらせることができるようになる
- スピードが向上することで、余った時間でより多くの仕事や大切な仕事に取り組むことができる
- 品質とコストを同時に改善できる
- 「働き方改革」以上の成果（残業時間削減＋顧客価値向上＋従業員満足度向上＋継続的生産性向上）を得られる

●イノベーション

・ミスが起きてもすぐにリカバーして、素早く学ぶことができる

●リーダーシップ

・顧客や上司、部下、同僚に振り回されることがなくなり、彼らがあなたについてくるようになる

事例　PMQIRを導入して生産性を劇的に上げた大手機械メーカー

〈OODAループ導入前〉

ある大手機械メーカーの社長から「生産性を向上させるために、全世界の工場の

ベンチマーキングを行ないたい」という要望がありました。私たちはこの依頼に基づき、自社工場に加え、同業他社の工場までを対象にしてベンチマーキングを行ないました。

集計した結果、比較した工場の中で改善できると思われる生産性向上機会は総コストの36パーセントを超えました。

しかし、ここで問題となったのが、理屈としては人員・コストの削減機会がわかったが、それをどのように実現するかということでした。生産性が劣ると評価された工場がアクションを起こそうとしても、ほかの工場と比較するだけでは、何が理由で生産性が劣るのかがわからなかったのです。

最終的に解決策は、先進的な同業他社の分析や生産性の高い業務を行なっている社内の該当部門を詳細に調べ、参考となる事例（ベストプラクティス）を検証することにより導き出されました。

また、従来のトップダウンの視点でのベンチマーキングでは、現場のモチベーション向上に結びつかなかったため、これを見直しました。ここで重要なのは、目的は全工場の生産性の向上であり、工場間の優劣を見極めることではないということです。そのためには、それぞれの現場が主体的に生産性向上の活動に取り組むことが必要なのです。

〈OODAループ導入後〉

そこで私たちが提案したのが、「PMQIR」という付加価値ベンチマーキングを利用した働き方改革です。この付加価値ベンチマーキングを実施すると、付加価値の向上に貢献しないムダな業務が業務時間全体に占める比率が誰の目にも明らかになります。たいていの企業では、そのボリュームが非常に大きいため、関係者全員に強い問題意識を持たせることができます。そうすると、現場は自ら価値があると思える業務を中心に考えるようになり、自ら解決策をトップに説明して承認してもらうようになります。

この企業の工場の全部門にPMQIRを適用した結果、全体で28パーセントもの生産性向上が見込まれる改善案が出てきました。そして、その場で実行できるものは、即日実行してもらいました。

ＰＭＱＩＲの導入により、３カ月で20パーセント以上の生産性向上を実現

ＰＭＱＩＲは、ＯＯＤＡループの理論を生産性の向上に適用した付加価値ベンチマーキングの原理です。これは、「世界観：ＶＳＡ」における「行動方針（Ａ）」の１つの普遍的な行動原理で、生産性の大幅な向上とその持続を実現します。

これまで私たちは、この付加価値ベンチマーキングをトヨタやパナソニックをはじめとする日米の代表的な大手企業数十社、現業を除くすべての部門において適用してきました。その結果、すべての企業が短期間で大幅な生産性向上を実現し、その有効性が実証されています。

実績は、中央値では23パーセントの生産性向上を、大きいところでは50パーセント以上の生産性の向上を約３カ月で実現しています。

ＰＭＱＩＲは、付加価値の視点からすべての業務を完全網羅的（ＭＥＣＥ）に分類します。また、対象組織のすべての労働時間を対象にして生産性向上の方法をリストアップします。ＰＭＱＩＲは、ムダな業務カテゴリーの頭文字です。

P（Preparation：準備）
作業を行なうための段取り、ほかの業務のための資料作成などの準備作業です。

M（Move：移動）
特に人員の移動をさします。たとえば、顧客訪問のための移動時間です。

Q（Queue：作業待ち）
作業待ち、作業をしていない状態、処理待ち時間です。

I（Inspection：検査）
検査、承認、確認作業、レビューをさします。

R（Redundant：作業の重複）
作業の重複ややり直し作業などです。

以上が、ムダな業務カテゴリーです。それに対して重視すべきなのが、次のCとBです。

C（Customer Value Added：顧客付加価値）

顧客付加価値業務とは、顧客が業務処理費用を負担してでも遂行してほしいと思う業務のことです。

B（Business Value Added：事業付加価値）

事業付加価値業務とは、法規制や社会責任上、その遂行が必須となる業務のことです。

全業務をこの分類法により分析することで、業務を付加価値の視点から見直し、抜本的な改革をして、生産性の向上を実現します。

PMQIRは、日常の行動を「価値を生む業務」と「価値を生まない業務」の2つに分類して、「価値を生む業務」を優先します。価値を生まないムダな業務は、「P

（準備）」「M（移動）」「Q（作業待ち）」「I（検査）」「R（作業の重複）」の５つです。それに対して価値を生むのは「顧客から価値を認められる業務（C）」と「社会的責任のための業務（B）」の２つです。

この分類をすることで、価値を生まない業務を見える化できるため、改革・改善の議論をすぐに始めることができます。つまり、下部組織（現場）の自発的な取り組みが期待できるのです。

PMQIRを導入する際は、生産性を見える化するために、業務全体を「PMQIR」と「CB」に分解します。**「顧客付加価値（C）」と「事業付加価値（B）」が業務全体の何パーセントを占めるかが付加価値率**です。それ以外の準備、移動、待ち、検査、重複作業などは顧客から見るとムダな業務です。たいていの企業では、「CB」の比率は業務全体の３割程度にとどまっています。

OECD（経済協力開発機構）の「Productivity statistics」によれば、日本の生産性はアメリカの６割の水準に低迷しています。主要先進7カ国中では最下位です。

これは今に始まったものではなく、戦前からそうなっているのではないかと推測されます。データが存在する1970年からずっと低位置にいて、例外的に1990年前後に上位になりましたが、その後下がったため、基本的には変わりません。

おそらく「働き方」を見直すだけでは最下位から抜け出すことはできないでしょう。なぜなら、**社員の生産性が低いのは、働き方の問題というよりも、社員が置かれている環境の問題である場合の方が多いからです。**

「ファネル管理」とタイムアロケーションで仕事を「見える化」する

ここで再び、前章のケーススタディ「業績が低迷する営業。形骸化されたノルマ管理」を見てみましょう。実は、この企業はGPDRに加えて、PMQIRを導入することで、飛躍的に生産性が伸びたのです。

一部、繰り返しになりますが、背景を説明しておきましょう。

この会社は、トップダウンのノルマによる管理統制が中心で、営業マン同士の競争が加速する中、トップはますます営業部門への管理を強めようとしていました。

営業部員たちの心はバラバラです。個々の営業マンの能力に依存する営業スタイルになっており、彼らは短期の数字を追うばかりになっていました。さらに悪いことに、トップが見るという理由で報告書を丁寧に書くことが強制されており、肝心な営業活動に集中できず、さらには営業マン同士はお互いを敵と見て告発し合ったり、派閥を作ったりするというありさまでした。みんなが数字を上げるために、自分なりにがんばってはいるのですが、がんばりがすべてムダになっていました。

私たちが何カ所かのサンプル営業所を調査したところ、明らかになったのは、営業マン個人の能力に依存する営業方法の弊害でした。営業ノルマの管理のいきすぎでみんなが短期の数字を追いかけていて、長期の視点でロイヤルカスタマーを作るという発想がなくなっていました。

そこで営業部門の改革として、まずはVSAを再設定してもらいました。つまり、営業マンが何を重視して行動すべきかを見直してもらったのです。そして、本来の原点であるべき、顧客価値に焦点を当てて、「顧客を感動させる」ことが目的だと再確認してもらったのです（※）。

※ＶＳＡは『夢のビジョン』を実現することによって、結果的に売り上げがついてくる」という考え方に基づいた世界観です。「夢のビジョン（Ｖ）」「戦略（Ｓ）」「行動方針（Ａ）」の３つの段階に「メンタルモデルと感情（Ｍ）」を加えた「ＶＳＡ＋Ｍ」で定義されます。「夢のビジョン（Ｖ）」は、５年先以降の自分や会社のなりたい姿、社会や顧客のイメージ。「戦略（Ｓ）」は、今後３年から４年かけて取り組む、「夢のビジョン」を実現するために何をどうするかについての方法。「行動方針（Ａ）」は、今後１～２年かけて取り組む行動の方針で、状況に応じてどのように行動するかを定めた方向づけ。「メンタルモデルと感情（Ｍ）」の「メンタルモデル」は頭の中にある行動のイメージや固定観念、「感情」は心の動きや状態です。

次に、役員などの上層部が現場をコントロールするという、従来の考え方を改めてもらいました。その上で「ＶＳＡが一気に加速する、『自ら考える組織』にするのはどうですか」と「ファネル管理」と「タイムアロケーション」を提案しました。つまり、時間には限りがあるので、ファネル管理に基づいて時間をアロケーション（配分）しましょうということです。

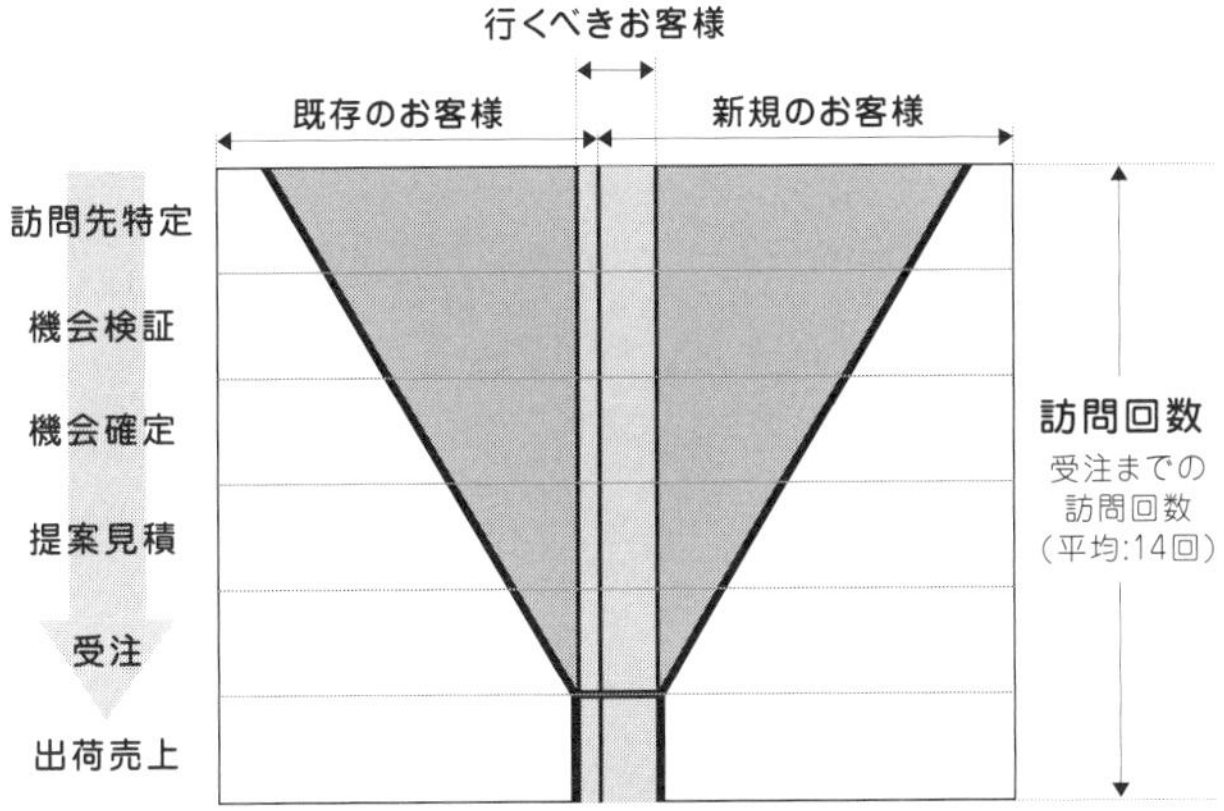

※顧客への訪問回数（タテ軸）と費やしている時間（グレーの部分の面）を「見える化」することができます

図4-1　ファネル管理

ファネル管理とは、縦軸は訪問回数、横軸はどの顧客に営業しているか（左半分が今までの顧客、右半分が新規の顧客）を表すツールです（図4−1）。そしてタイムアロケーションは時間配分の提案です。

営業マンの年間の就業時間は2000時間弱です。1回の顧客訪問にどれだけの時間がかかるでしょうか？　仮に、1回あたり4時間だとして、年間で最大500回の顧客訪問ができます。これをできるだけ受注できる可能性が高い顧客への訪問に割り当てれば、売り上げが増える可能性は高まります。図4-1はケーススタディの会社の700人程度の部門の事例です。

ファネル管理を使うことで、訪問先を決めて、提案してから契約するまでに平均何回の訪問が行なわれたかを客観的に見ることができます。この会社では、経験則上、14回の訪問で受注にこぎつけるというのが一般的でした。その場合、訪問回数が14回を越えても受注にいたらなければ見切りをつけるべきです。また、訪問を重ねるうちに、「最初は興味があったけれど買わない」となるタイミングがあるはずで、その見切りをいかに早くするかが重要だということもわかります。

ファネル管理では、左半分を「既存の顧客」、右半分を「新規の顧客」とします。もし新商品を売りたい場合には、「既存の顧客」よりも「新規の顧客」への訪問に注力するようにします。また、「新規の顧客」への訪問も、何回か繰り返すうちに、売れるかどうかがわかってくるはずです。あいまいなところを排除して、買う可能性の高い顧客に時間をさくようにするのです。顧客の行動を見て、脈があるかどうかを感じ取る――つまり、直観で判断します。

ファネル管理は自分で作成することができます。それを見れば、自分が現在取り組んでいる営業活動の現実的な可能性をひと目で理解できるのです。グレーの部分の面積がトータルの訪問時間数になります。

「1場所、2エサ、3仕掛け」という釣りの名言がありますが、これは営業活動にも当てはまります。1番目の「場所」とは、行くべきところに行くということです。買う気のない顧客のところに行くのは最初から間違っています。持っていく商品が良いか悪いかの話ではありません。とにかく買ってもらえそうなところに行く。まず「場所」を考えなければなりません。そして、顧客が欲しくなる商品なのかどうかが2番目の「エサ」。3番目の「仕掛け」とは、価格などの戦略や会社の仕組み、セールスチャネルなどのエコシステムです。

できない営業マンは左側の「既存の顧客」を訪問することで時間をつぶします。行きやすい会社で訪問回数を稼ぐのです。そうであっても、この会社がかつて採用していた評価指標（KPI）で決められた訪問回数はクリアできてしまいます。

また、「既存の顧客」にはすでに納入済みの大型商品の付属商品をメンテナンス用途で売れるので、着実に小銭は稼げます。これが営業マンにとっては麻薬になるのです。しかし、本当に重要なのは、競合企業をひっくり返して「新規の顧客」を奪い取ることです。

ファネル管理により、営業マンの役割分担を明確にします。能力が高く野生的な直観を持つ営業マンは「ハンター」と位置づけ、右側の「新規の顧客」を攻めるようにします。一方コツコツ型の地道な営業マンは「マイナー」（深掘り人）として「既存の顧客」を攻めるようにします。各人の能力を前章で解説した「人事制度：GPDR」で主体性を認めたり、能力を開発したり、貢献を褒賞したりすることで、モチベーションを維持し、目標達成に邁進してもらいます（※）。

また、新人営業マンは脈のある顧客かどうか見分けがつかないため、当初は先輩営業マンに同行させて、先輩がどのように顧客を見分けているのかを見習わせるようにします。

※「人事制度：GPDR」は、「G（Goal Setting：VSA・目標設定）」「P（Performance Review：パフォーマンス・レビュー）」「D（Development：能力開発・後継者育成）」「R（Rewards：褒賞・昇進）」の4つの段階からなります。企業の「夢のビジョン（V）」の実現と個々人の活動の方向性と褒賞・昇進を結びつけることで、OODAループのVSAと目標の設定から、行動を実践する環境が整備されます。これを進めるこ

とで、管理職の数が大きく減り、全員がリーダーシップを発揮するフラットな組織になっていくのです。

ムダな仕事をやめただけで、付加価値の比率が12ポイントも上昇

続いてPMQIRを具体的に見ていきます。この企業を分析した結果、「C（顧客付加価値）」と「B（事業付加価値）」に業務時間全体の3割しか使われていないことが判明しました。大半の時間が「P（準備）」と「M（移動）」というムダな業務に費やされていることがわかったのです（図4-2）。

さらに、その内訳を見るために、業務形態分類との2次元で見てみます（図4-3）。業務形態分類とは「共同作業、召集、通知、資料共有、情報収集、その他」からなります。

2次元で見ると、「P（準備）」は情報収集が多くを占めていました。具体的には、社内向けの書類作成に業務時間の7割を費やしていました。そのために新規開拓に

時間を使えていないことがわかったのです。さらに、顧客から問い合わせがあった際も、社内手続きが重視されていたため対応に時間がかかるなど、顧客重視の情報共有体制になっていなかったのです。

そこで、私たちは「C（顧客付加価値）」を増やすことを提案しました。そのためには、営業マンの意識改革が必要です。一般的に営業マンには一匹狼タイプの人が多く、1人で苦労して成功ノウハウを身につけています。このような経験を積んできた営業マンは、ほかの営業マンに成功ノウハウを教えることをいやがります。

この会社の営業マンも例外ではなく、どんな顧客がどのような提案に興味を示して成約しているかといった情報を積極的に共有していませんでした。この状態を改革するために、ナレッジマネジメント（知的共有）の長期的な取り組みを始めました。

顧客種類別、製品種類別に成功事例、失敗事例、提案資料を全社で共有し、分野ごとにリーダーを任命して、お互いの営業活動に協力する仕組みを立ち上げました。これと並行して、助け合う文化を作るために、成果をあげた営業マンだけでなく、それに協力した人の貢献を認めて表彰する制度を作りました。

GPDRの「P（パフォーマンス・レビュー）」においても、ナレッジマネジメン

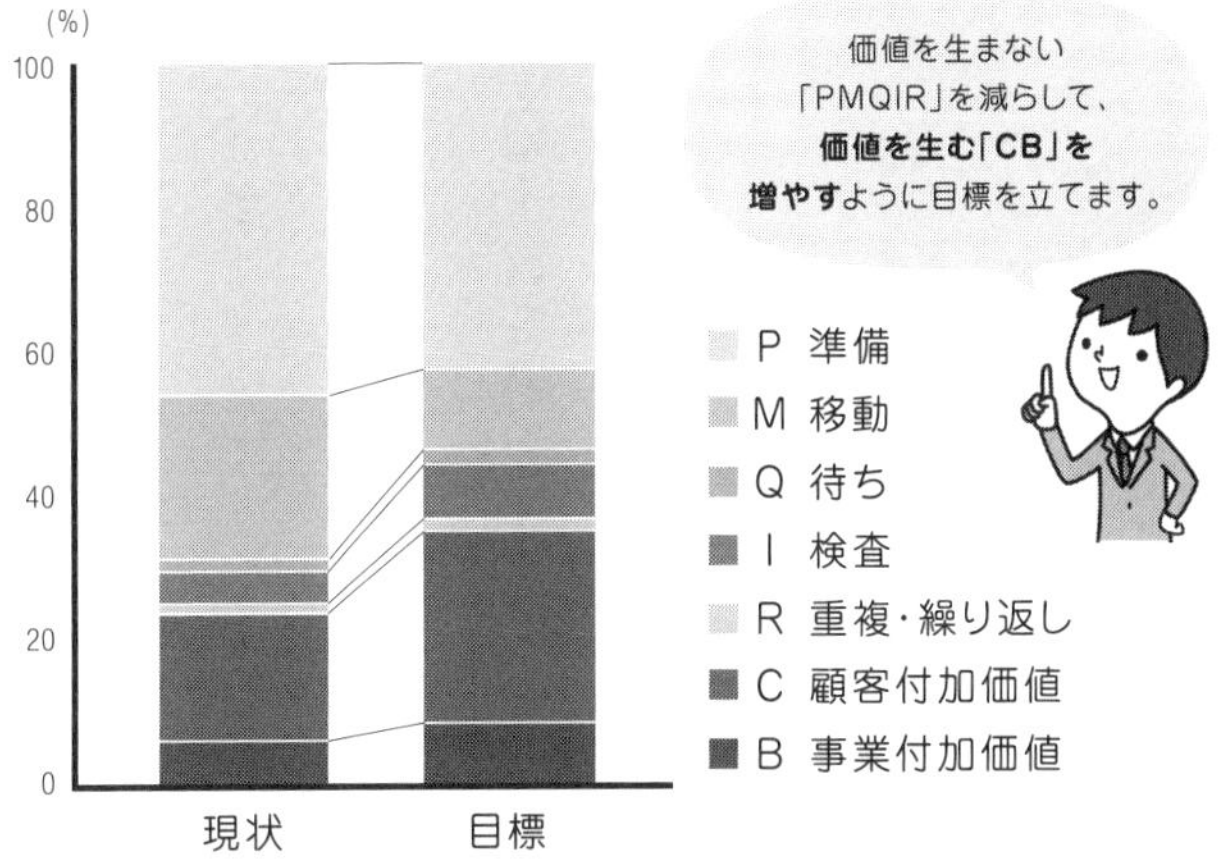

図4-2　PMQIRを「見える化」して目標を設定する

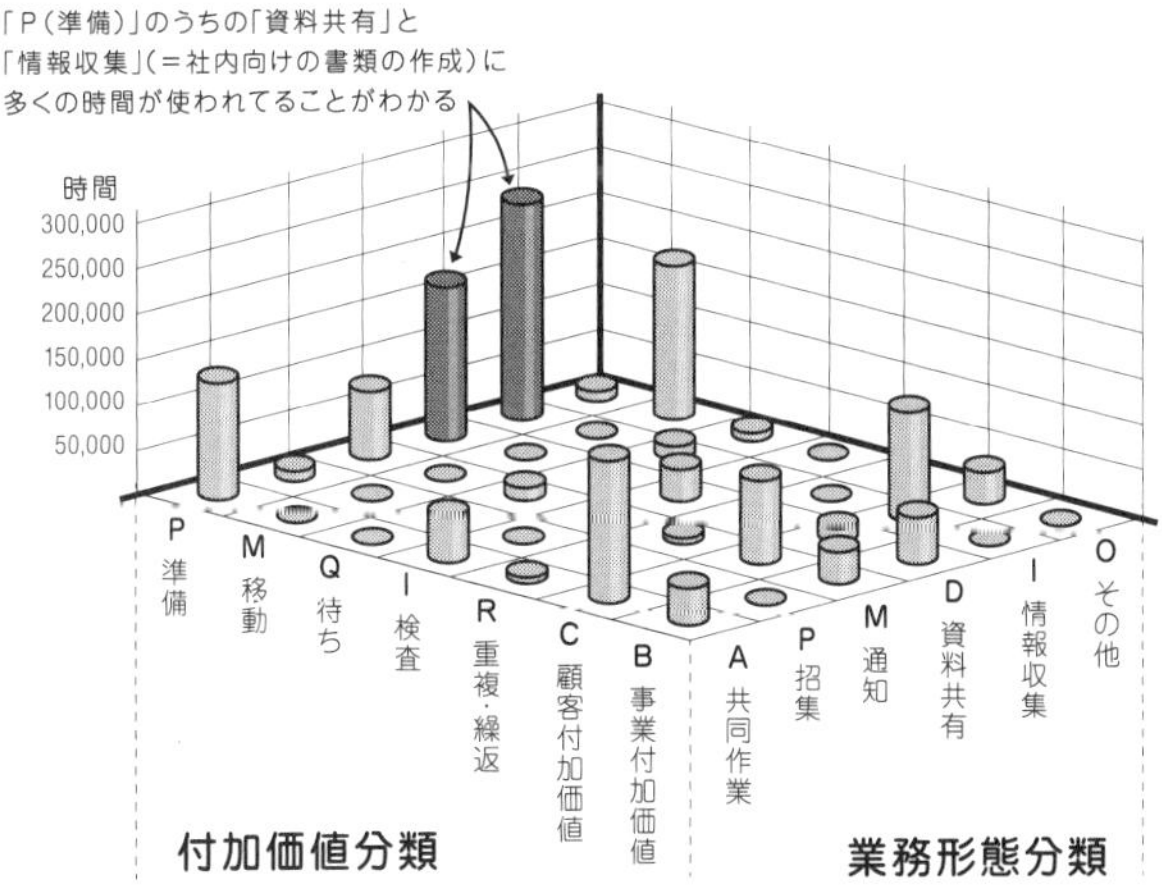

図4-3　「付加価値分類」と「業務形態分類」の両面から時間を「見える化」

トへの協力を重視しました。その結果として、3カ月で付加価値率が25パーセントから37パーセントへと12ポイントも上昇しました（図4－4）。さらに、総時間の約20パーセントを節約することで、のべ140人（700人の2割）もの人員を新規事業に取り組ませることができたのです。

PMQIRを導入すると、「ムダな仕事」が一目瞭然になる

PMQIRを適用してきた経験を振り返ると、多くの企業に共通するすぐに実施可能な解決策があります。どのような改革をすると生産性の向上につながるかについて、具体例を紹介します。

「P（準備）」の代表的な例は、社内の情報共有のための会議資料の作成準備です。これらは、そもそもその会議が価値を生むかどうかを考え、もし価値を生まないということであれば会議そのものを廃止します。これまでの私たちの経験では、会議は次の3種類に分類できます。

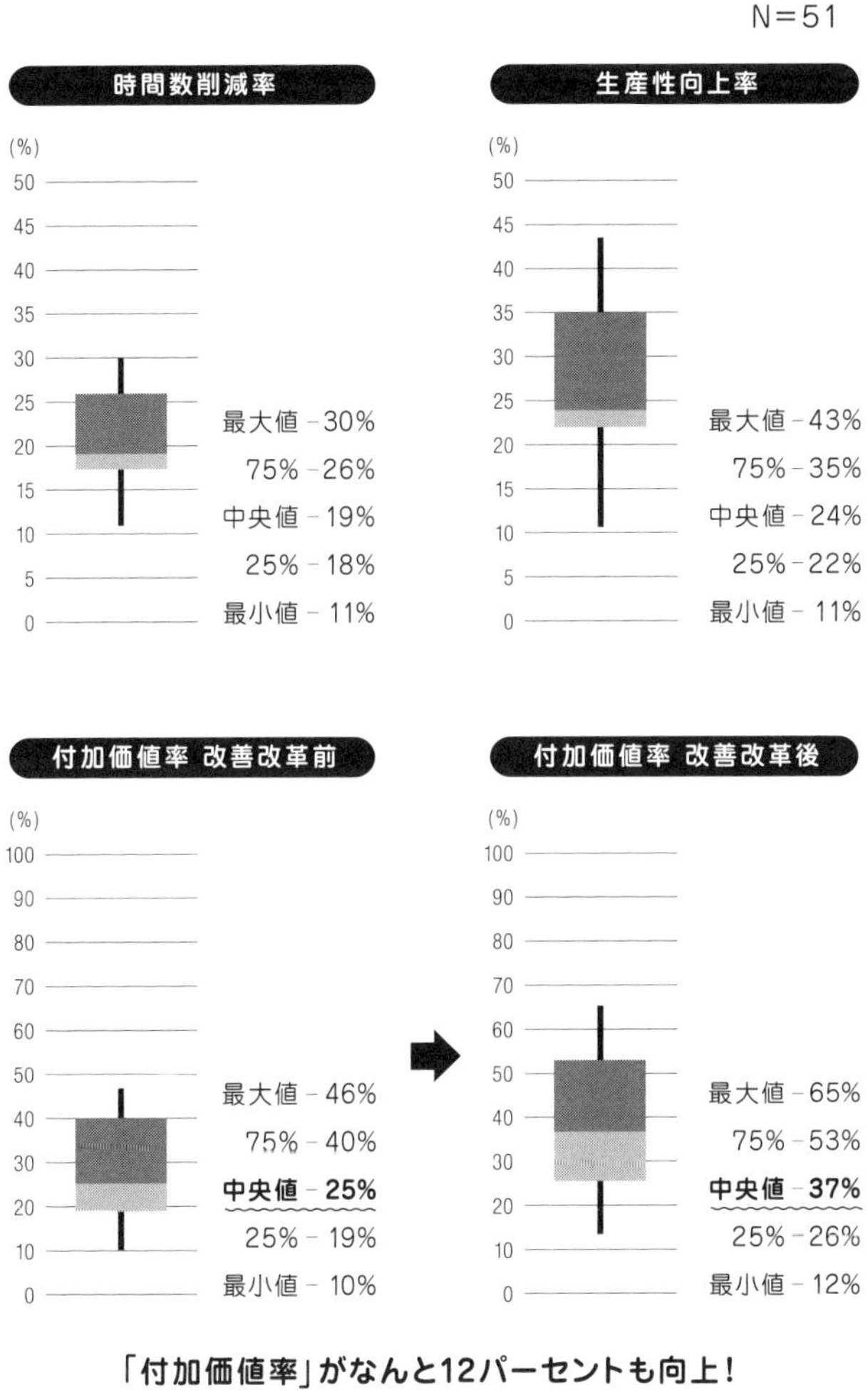
N=51
時間数削減率
(%)
50
45
40
35
30
25
20
15
10
5
0
最大値－30%
75%－26%
中央値－19%
25%－18%
最小値－11%
生産性向上率
(%)
50
45
40
35
30
25
20
15
10
5
0
最大値－43%
75%－35%
中央値－24%
25%－22%
最小値－11%
付加価値率 改善改革前
(%)
100
90
80
70
60
50
40
30
20
10
0
最大値－46%
75%－40%
中央値－25%
25%－19%
最小値－10%
付加価値率 改善改革後
(%)
100
90
80
70
60
50
40
30
20
10
0
最大値－65%
75%－53%
中央値－37%
25%－26%
最小値－12%
「付加価値率」がなんと12パーセントも向上！

図4-4　PMQIRの適用成果

1　組織のメンバーの信頼関係を作ることを目的としたチームビルディングの会議

2　報告や情報の共有をするための会議

3　意思決定のための会議

1は会議ではなく、社員旅行や忘年会などの活動を通じてメンバー相互の理解を深める方が有効です。また、2はＩＴツールを使って必要なときに必要に応じて共有すれば十分でしょう。結局、顧客付加価値や事業付加価値を生む会議は3のみです。

「Ｍ（移動）」は顧客訪問や、会議出席などのための移動です。ファネル管理を使い契約を見込めない顧客への訪問はやめたり、ビデオ会議を利用したりします。

「Ｑ（作業待ち）」については、その原因となる作業の遅れをなくすことで時間を厳守して、ほかの人を待たせないようにします。さらに事前の情報共有を重視します。

「Ｉ（検査）」にあたる作業後のチェックや確認も、どのような視点で検査するかをチェックリストに挙げて、事前に用意しておきます。

「Ｒ（作業の重複）」は、何度もチェックや検査を繰り返しているような業務で生まれます。1回の検査で完了できないか検査方法を見直します。

「働き方改革」には、PMQIRとGPDRを導入するべき

現在、多くの企業で導入されている「働き方改革」の目的は、「働き方を改革して生産性を上げることで、ワーク・ライフ・バランスを実現する」ということです。そのための取り組みは、残業時間を規制するとともに「ITを駆使することで場所を選ばずに仕事ができるようにする」というものが大半です。

しかし、これまでの「働き方改革」や従来の業務改革には以下の欠点があります。

・対象となる組織全体の生産性がどれだけ向上するか、網羅的に把握できません

・コンサルタントによる業務分析をベースに業務を設計すると、現場の従業員には「やらされ感」が募り、主体性が与えられないと反発が出ます。また、あるべき業務フローの導入についての責任が不明確で、実現性が担保されていません

・ほとんどの場合、一度きりの改革に終わることが多く、継続して改善活動をする文化が根ざしません

世間では働き方改革により残業が減り、会社の人件費が削減されると同時に従業員の手取り給与が大きく減るという弊害が発生し、問題になっています。それに対して、ＰＭＱＩＲとＧＰＤＲを導入した企業では、ＰＭＱＩＲにより実現した生産性向上が従業員の昇給につながっています。

改革を行なったときだけではなく、その後も継続して改善が行なわれるように仕組みを変えていく必要があります。このために有効なのが、ＰＭＱＩＲの考え方に基づき、付加価値の向上に時間の割り当てを優先することです。それに加えて、ＧＰＤＲにより付加価値を中心としたパフォーマンス・レビューをするようにします。これによって、すべての企業で加速度的に生産性が向上しました。この２つを導入して10年を経た企業の中には、生産性が当初の10倍以上になったところも出てきています。

第5章

日本型組織の12の症状、OODAループによる組織の成功原則

OODAループは、次のような症状に悩む組織を次世代型「ワクワクする組織」に変えてくれます！

●「みる：Observe」で解決

1　他社の模倣や前例の踏襲ばかりに目がいっている

●「わかる：Orient」で解決

2　計画立案、書類作成、決裁に時間ばかりかかっている
3　減点評価で完璧主義が支配する現場はすべての仕事に時間が異常にかかっている
4　目指すべき姿や「夢のビジョン」が不明で、あったとしても抽象的で心に響かない
5　戦略と計画の目的が忘れ去られ、作業の表面的なチェックばかり

6　社内向けの仕事に忙殺されている
7　社員は空気を読んで忖度ばかりしている
8　社内が保身に走る「指示待ち族」ばかりになってしまった
9　自分だけが評価されればいいという身勝手な風潮が蔓延し、優秀な若手が夢をなくして続々と辞めていく

● 「きめる：Decide」で解決
10　情報の収集や分析に延々と時間がかかっていて、いつまでも意思決定ができない

● 「うごく：Act」で解決
11　みんなが机上の空論をふりかざし、経営陣と現場の気持ちがバラバラ。営業など顧客接点の部門と開発部門が対立している

●「みなおす／みこす：Loop」で解決

12　みんなが後ろ向きな責任追及ばかりしている

日本型組織が抱える問題は、すべてOODAループが解決する！

この章では、日本型組織の典型的な12種類の症状をOODAループの12個の組織の成功原則で解決した事例を紹介します。

この成功原則は、ジョン・ボイドが参考にした宮本武蔵『五輪書』、孫武『孫子の兵法』、クラウゼヴィッツ『戦争論』、トーマス・クリアリー『日本の兵法』などを日本型組織の症状に対応づけてまとめ、原則として定めたものです。

OODAループを導入することにより、組織のメンバー1人1人が本質（実世界の現実）を見極め、主体的に行動できる環境を作ることができます。「夢のビジョン」（ここでは「顧客を感動させる」こと）を実現するために、個々のメンバーが自分で判断できるようになるのです。

本章は、日本型組織が抱える典型的な症状とそれに対するOODAループの組織の成功原則を事例とともに紹介することで、読者の皆さんがご自分の会社が抱えている問題に気づき、その解決に役立てられるように構成しています。

日本型組織の症状その1

競合他社の真似や、前例の踏襲ばかりに目がいっていませんか?

成功原則その1 「みる:認知の原則」

本質(実世界の現実)を見極めて、潮目の変化を認知する。

コンピュータメーカーの事例

この企業は特定の分野ではマーケットシェアが1位。従来はサーバーを顧客に納入する形態が主流でした。

〈OODAループ導入前〉

2000年代後半からこの企業のメイン分野に、計算処理サービスをネット上で提供するクラウドコンピューティングの企業が他業界から、新規参入してきました。

その結果、このメーカーのコンピュータ機器販売事業は減収減益が続いていました。従来は、顧客がハードウェアを購入してその運用を自ら行なうというモデルだったため、顧客にハードウェアを使ってもらうという視点しか持てなかったのです。

このメーカーは、コンピュータプロダクトの販売を中心とするマーケティング戦略を見直すべき時期にさしかかっていました。しかし、視界には競合他社か自社の前例しかありません。はたから見れば、クラウド型にシフトしていくべきなのですが、そのきっかけがつかめませんでした。そこで商品企画部門のマネージャーはO

ODAループの導入に踏み切りました。

〈OODAループ導入後〉

クラウドサービスでは、顧客の事業の課題にまで踏み込まないと提案ができないことから、顧客のニーズをどのようにつかむかが課題となりました。産業セグメントごとに先進企業をヘッドピンアカウント（重要顧客）として選び、直接、顧客企業のニーズをつかんでサービスを先行開発し、ほかの顧客へ横展開する体制を作りました。

日本型組織の症状その2

内向きの評価指標（KPI）を設定してPDCAを回すだけで結果を出そうとしていませんか？　顧客の心を動かすような仕事ができていますか？

成功原則その2「わかる：世界観の原則」

本質（実世界の現実）を見失わないために、まず相手の世界観を知り、それに沿った自分の世界観を持つ。

産業用機械メーカーの事例

戦後、創業し、規模の拡大にともない同業他社の国内工場を2カ所買収し、国内には5カ所、海外には3カ所の生産拠点を持っている老舗企業の事例です。事業拡大にともない、多様なニーズを取り込むため、多品種少量生産が行なわれていました。最近、新興国のライバル企業からの廉価製品の投入があり、価格破壊が起きていました。各工場は人手不足が続き、社員に加え、派遣社員やパート社員のモチベーションの向上、現場改善力の向上が課題になっていました。

〈OODAループ導入前〉

国内工場と海外工場の間も、国内の買収工場とほかの工場の間も交流が限られており、まだまだ生産性、品質、生産リードタイムの改善余地がありました。

買収工場は、買収後から独立独歩で運営しています。

また、買収工場には数値目標管理があり、全員で数値目標の達成に集中していました。しかし同時に、従業員の間には「買収された」という被害者意識が残っていました。そのため買収工場では、本社管理部門や営業部門、事業部門からの生産依頼やコスト削減指示を受けてから仕方なく行動するという受け身の思考が強く、自ら改善していくという意識に欠けていました。

価格競争が激しくなる中、改革は待ったなしの状態になっていました。そこで生産部門のマネージャーが、改革のリード役に任命されました。

〈OODAループ導入後〉

生産部門のマネージャーは、現場との信頼改善が最優先であることに気づきました。「わかる：世界観の原則」に基づき、現場と本社がお互いを理解し、夢を共有する組織にするためにVSAを導入することにしました。

ＶＳＡを全社的に共有している企業は、持続的な成長を実現する能力を持つようになります。現在、この企業は、社会にとって求められる存在になることを「夢のビジョン」に定め、組織全員で活動しています。

日本型組織の症状その3

完璧な仕事をすることを優先して、時間は二の次になっていませんか？

成功原則その3　「俊敏：脱完璧の原則」

早期のサービス立ち上げのため、完璧さと時間を天秤にかけて最適なタイミングで行動する――いわゆるアジャイル開発がイメージしやすいでしょう。

アジャイル開発とは俊敏なシステム開発を実現するために、システムを小単位で実装とユーザー評価を繰り返して開発を進めていく開発方法です。それまでの、最初に全体の機能設計をし、計画に沿って開発・実装していくウォーターフォール型の開発に比べて期間を大きく短縮できます。

ハイテク機器メーカーの事例

この企業は、これまで自前主義で製品を開発し、2000年頃までは海外に技術供与をするほどでした。しかし、世界の技術動向を見落としていました。新規参入してきた企業は、従来の自社の製品アーキテクチャとはまったく異なる、安価で調達できるデバイスを使ったアーキテクチャで、顧客の興味をひく製品を展開しはじめました。

開発部のエンジニアたちは、従来の研究開発体制の見直しが必要だと感じ、経営陣も起死回生の新製品開発とそのための改革を進めることを決断したのです。

〈OODAループ導入前〉

従来の開発部門は、社内向けの仕事に忙殺され、新製品のマーケット投入が後手後手に回り、ライバルに遅れをとっていました。

〈OODAループ導入後〉

「俊敏：脱完璧の原則」を適用して、新しいプロダクトを早期に出荷する仕組み作りに着手しました。早く失敗して、短期のうちに試行錯誤を繰り返し、成功の道筋を探し出す方法に変えたのです。

製品のライフサイクル全体での利益を増大させるために、影響度の大きい製品の投入時期を競合他社より先んじることを目指しました。

このために、同時に市場に投入する予定だった4つのプロダクトの開発リソースを2つに絞って投入することにより、他社に先んじて発売し、一気にマーケットをとる方針に変えました。

成果はテキメンでした。2つの新商品は圧倒的なマーケットシェアを獲得できました。先行して市場に投入した2つのプロダクトに続いて、マーケットや基礎技術の開発動向を観察し、最初のプロダクト1の次世代商品と、3番目のプロダクト3の新商品開発に開発リソースを投入しました。プロダクト1の次世代商品は他社に先行することで、マーケットの圧倒的シェアを確保しました。

また、プロダクト3も競合他社と同時期に市場に投入ができたため、善戦しています。これらの影響により、4番目のプロダクト4が予定する市場は競合他社に押されていますが、トータルでは、この企業が圧倒的なマーケットシェアを獲得しています。

日本型組織の症状その4

どのような世界を実現したいか目的が曖昧ではありませんか？　全員から「夢のビジョン」に合意、共感、共鳴を得られていますか？

成功原則その4　「夢のビジョン：効果起点の原則」

自分たちが実現したい世界、なりたい姿、つまり「夢のビジョン」を起点に行動します。

シリコンバレーで「アウトカム」といわれる結果重視のマネジメントと共通しています。「夢のビジョン」は、チームで共有することだけが目的ではなく、これを起点とすることで、有効な戦略と行動を導き出します。

ITベンチャー企業の事例（第2章で紹介した事例）

創業して数年のITベンチャー企業。Eコマースのアグリゲーション（集約）サービスを提供。創業者の社長は、自分でアグリゲーションサービスのコアエンジンを開発し、これを基盤にして事業を始めました。外部からの投資を受けずに自己資金だけで拡大させてきました。スタッフは社員、派遣エンジニア、アルバイトの学生です。社長が先頭に立ち、休みなく働くことで、どうにか黒字を確保しています。

〈OODAループ導入前〉

社長が会社の業務のすべてにかかわって奮闘しているものの、スタッフは定着せず、常に30パーセント以上の離職率が続いていました。

〈OODAループ導入後〉

「夢のビジョン：効果起点の原則」に基づいて、付加価値の向上を目的に行動するように改革をすることにしました。具体的な将来像を「夢のビジョン」として定めました。自分たちの仕事が、どれほど顧客に感動をもたらしているかを話し合い、夢の共有を図りました。

また、それまで詳細な計画を立てていましたが、マーケットの予測をできずムダになっていたため、詳細な計画を作ることはやめました。

さらに、事業の状況を計測するページビューをはじめとする評価指標（ＫＰＩ）の計測数値をメンバー全員が見られるようにして、ＫＰＩを確認しながらアクションをできるようにしたのです。

これらの改革の結果、離職率はほぼゼロになりました。

日本型組織の症状その5

どんなときでもマニュアル通りの行動を求められていませんか？　時間をかけて作った計画、あるいは上層部が主導して作成したマニュアル、手続きや計画にとらわれて、本来の目的を見失っていませんか？

成功原則その5　「戦略：脱形式・脱形骸化の原則」

「夢のビジョン」を起点に戦略を転換して、効果が出るまで戦略（手段）を変えていきます。

形骸化して、手続きだけが残っている状況から脱却して新たな成功戦略を見つけます。

日々どうやって成果を出せるか、形骸化した既成概念にとらわれず、必死になって考えて、顧客の反応を常に見て結果を出していきます。

開発の進め方は従来のウォーターフォール型ではなく、早い段階でベータ版を公開するプロトタイピングの手法をとります。

まず顧客の中から、ヘッドピンアカウント（重要顧客）を数社選びます。ベータ版を公開して、ヘッドピンアカウントの反応を見ながら、マーケットのプロモーションをします。

また、特許戦略についても、特許を取得することよりもまず事業化することを優先します。顧客の感動を起点として、判断を早めるのです。

この「戦略：脱形式・脱形骸化の原則」に当てはまるのが、宮本武蔵の『五輪書』水の巻にある「有構《うこう》無構《むこう》」という考え方です。剣を握るときに、構えがあるかないかという議論ですが、武蔵は「その場その場で構えは違う」と言います。

また、『孫子の兵法』では、勢篇二の「凡そ戦いは正をもって合い奇をもって勝つ」が同じ意味です。つまり、正攻法があって初めて奇策が生きるのです。戦略は相手の動きに合わせて臨機応変に「重心」を変える必要があるのです。

自動車メーカーの事例

自動車業界では、増大し続ける開発・生産のコストを低減するために規模の経済性を重視し、部品の共通化が進んでいます。すると、1つの部品の不具合が大規模なリコール問題となりかねません。

このメーカーでも数年前に数百万台におよぶリコール問題が起き、会社の危機的状況を体験しました。品質保証部門のマネージャーは広報対応の戦略の見直しを行なってきました。

〈OODAループ導入前〉

問題が起きた際の対応にOODAループを使った事例です。過去に起きたリコールの際に、「自社に責任がない」ことを証明することに専念して関係者間の感情がもつれることがあったため、事前に対応することの重要性を学びました。

〈OODAループ導入後〉

「戦略：脱形式・脱形骸化の原則」に基づき、広報対応の戦略を見直しました。対応が後手に回ると、マスコミの追及によりマイナスイメージを植えつけられるリスクがありました。そこで、私たちは広報渉外部のマネージャーに協力を依頼しました。

マスコミとの時間を費やした消耗戦にはマイナスのインパクトしかありません。

旧来の広報の形骸化してしまった方法を変え、状況に応じて効果的な方法をとるようにしました。旧来の広報の形式から脱して、先手を打って瞬時に、顧客に向けてダイレクトに必要な情報を複数のＳＮＳを通じて発信する仕組みを導入しました。

コミュニケーションのツールとしてＳＮＳを柔軟に活用することにしたのです。

日本型組織の症状その6

社内向けの仕事に忙殺され、付加価値の向上を忘れていませんか？

成功原則その6 「行動方針：価値向上・ムダとりの原則」

行動方針と戦略の具体的な実現であり、付加価値の視点から自律的に判断して行動する。裏返せば、「夢のビジョン」にヒモづかないムダな業務は排除します。

ハイテクメーカーの事例（第3章、第4章で紹介した業績低迷企業）

〈OODAループ導入後〉

「行動方針：価値向上・ムダとりの原則」により、営業マンの時間が顧客付加価値の向上のためにどれだけ使われているか調べたところ、全体の3割に満たないことが判明しました。7割強の時間が、訪問しやすい既存の顧客への御用聞きや、社内向けの書類の作成といった価値を生まない業務に費やされていました。既存の顧客の多くからは新規の売り上げが見込めないことが明らかだったにもかかわらず、営業マンたちはこれらの顧客訪問で時間を浪費していたのです。そこで「ファネル管理」（187ページ）を導入し、受注の見込みのない顧客への訪問を続けることをやめさせました。買ってくれそうな新規の顧客を見極めながら訪問する仕組みを作りました。

日本型組織の症状その7　社員は空気を読んで忖度ばかりしていて、「顧客を感動させる」という目標を忘れていませんか？

成功原則その7　**「心・感情：脱固定観念の原則」**

「顧客を感動させる」と同時に、自分の「メンタルモデル（固定観念）と感情」を更新し、「夢のビジョン」を実現します。

コンピュータメーカーの事例（「症状その1」（203ページ）と同じ企業）

〈OODAループ導入後〉

新規参入してきたクラウドサービス企業と同じ土俵で競争しても顧客を感動させることはできません。顧客を感動させるために、顧客の事業遂行を革新する自社の技術をクラウドサービスで提供することとしました。

「心・感情：脱固定観念の原則」により、奇抜なアイデアで顧客企業に感動を与えることを提案しました。それまでは、この会社は、やっていいことだけをリスト化した「ポジティブリスト方式」を採用していたのですが、これを「ネガティブリスト方式」（やってはいけないことだけをリスト化）に転換しました。この方針を徹底させることで、自由な発想が生まれる素地が出てきました。

日本型組織の症状その8

社内が「指示待ち族」ばかりになっていませんか？　自分の評価を高くしてもらおうといった利己的な風潮を助長するような社内の評価制度になっていませんか？

成功原則その8「主体性：自律分散の原則」

主体性を発揮する自律分散組織を作るためには、それぞれが「夢のビジョン」をもとに自己決定できるようにする必要があります。

ITベンチャー企業の事例（「症状その4」（212ページ）と同じ企業）

〈OODAループ導入後〉

この会社では、社長が戦略や手続きなどすべてにかかわり決定していました。これをほかのスタッフに任せることにしました。「主体性：自律分散の原則」により、スタッフに会社が現在直面する問題を洗い出させて、スタッフ自身に解決策を提案してもらうようにしました。全員参加の自律経営を目指す方向性を打ち出したのです。

その結果、スタッフの提案で次のような改革が行なわれました。

・勤務形態をスタッフの総意で改革。ネット環境が充実したサテライトレンタルオフィスと契約して、誰もが好きな場所で仕事ができるようにした

・オフィスを引っ越し。オフィスレイアウトはスタッフが働きやすいものにスタッフで決めた

・試行錯誤の経験や知識を教え合う活動を始めた。先輩社員が勉強会のインストラクターになり指導するようになった

助け合う仕組みと風土づくりの活動です。また、評価制度もＶＳＡをベースにして、パフォーマンスとリーダーシップの２軸による「ラウンドテーブル評価」（１６２ページ）を取り入れました。

日本型組織の症状その9

社員全員が「自分だけが評価されればいい」といった身勝手な風潮になっていませ

んか？

成功原則その9　「チーム：自他非分離の原則」

現場と経営や管理層との間の信頼関係を維持すること、そして1人1人が助け合うことが重要です。また、猜疑心が生まれないように、上司と部下の間で情報が共有され、情報格差がないことが必要です。さらに腹を割った、正直で誠実な隠し立てのない会話を心がけることも重要です。

組織を助け合う風土に変えるために、ナレッジマネジメントや1 on 1ミーティングを行ないます。

この「チーム：自他非分離の原則」に当てはまるのが、『孫子の兵法』「計篇 一」にある「道」です。

道とは、民をして上と意を同じくせしむる者なり、故にこれとともに死すべくこれと生くべくして、危わざるなり。

〈訳〉道とは人民たちを上の人と同心にならせる「政治のあり方」のことである。そこで人民たちは死生をともにして疑わないのである。

（『新訂　孫子』金谷治訳注、岩波文庫、２０００年）

日本型組織の症状その10

情報の収集や分析に延々と時間がかかって意思決定ができなかったり、タイミングを逃していたりしていませんか？

成功原則その10　「きめる：直観の原則」

俊敏に行動するには、脳のブドウ糖の消費量を少なくして、分析的な決定、そして直観力の発揮に脳を使えるようにすることです。

長時間集中して仕事をするとブドウ糖の消費量が増えて、脳は疲れてしまいます。

また、最新の脳科学の研究で、脳を効率的に使うためには「非集中」になる時間を作る必要があるということが明らかになってきました。「非集中」とは、何か起きたときに脳が瞬時に動ける「脳がリラックスしている」状態です。集中と非集中の両者の効果を知り、オンとオフのリズムを知ることが大切です。目の前のことに集中しているだけでは、周囲の大きな動きを見逃しかねません。瞑想、マインドフルネス、休憩など、集中状態から抜け出す時間を積極的に増やすことで、直観力などの判断力を向上させましょう。

ハイテク機器メーカーの事例（「症状その3」（208ページ）と同じ企業）

〈OODAループ導入前〉

ロジカルシンキングによる意思決定に限界が見えていました。

〈OODAループ導入後〉

「きめる：直観の原則」に基づき、顧客を感動させる商品を開発するために「デザイン思考」を採用しました。同時に、人間特有の感性や直観も重視するようにしました。

特に、エンジニアの能力開発方法を見直し、直観力を研ぎ澄ませるための長期的な人的資本育成制度を導入しました。デザインやソフトウェア設計においては、熟達して初めて直観力が身につきます。そこで、初心者から熟達者（達人）までの段階別のコンピタンシーモデルを定義して、段階ごとの育成プログラムを用意しました。

産業用機械メーカーの事例（「症状その2」（206ページ）と同じ企業）

〈OODAループ導入前〉

この会社で問題になっていたのが、マニュアルによる仕事の標準化でした。買収した2つの工場は、買収後、生産技術のレベルを底上げする必要があり、日本国内にあるマザー工場の生産技術のスキルを移植することになったのです。その際に、生産方式をマニュアル化して、マニュアルへの準拠を指導しました。2つの工場は、短期間のうちにマザー工場の技術水準に近づきました。

しかし、形式的な手続きの標準化は進んだものの、現場のエンジニアの考える姿勢が削がれてしまっていたのです。

加えて本社からのトップダウンのコントロールに傷ついていた現場は、判断を上司や上位組織に依存する「指示待ち族」が多くを占めるようになってしまっていました。現場は前例主義、杓子定規な理屈、データ（数字）が幅を利かせていました。

〈OODAループ導入後〉

「きめる：直観の原則」を取り入れ、直観で不具合を感じ取ることの重要性を再確認するようにしました。

職務については「匠《たくみ》」の制度を取り入れました。「匠」とは、生産技術における熟達者（達人）のことです。この「匠」を専門技術者として、役員待遇のポジションとしました。「匠」は自らの技術を後進に伝承していく役割も担ってもらうことにしたのです。

最初に任命された「匠」は、手はじめにマニュアルに準拠するだけだった現場の意識改革に着手しました。その結果、鍛錬により直観力を身につける風土ができあがりました。

日本型組織の症状その11

机上の空論や社内会議ばかりで、経営陣と現場の気持ちがバラバラになっていませんか？　営業など顧客接点の部門と開発部門が対立していませんか？　マニュアルに載っていないことが起こると、迷って行動できないことはありませんか？

成功原則その11　「うごく：検証・鍛錬の原則」

実際に現場で動いて検証して学ぶ。直観で判断できる達人の水準まで力をつける。

産業用機械メーカーの事例（「症状その2」（206ページ）と同じ企業）

〈OODAループ導入前〉

生産活動の中には、理屈を理解できても身につけられないものがありました。

〈OODAループ導入後〉

このケースでは「うごく：検証・鍛錬の原則」を採用しました。生産技術による他社との差別化をするため、マニュアルでは伝承できない熟練者の技術を、現場における鍛錬によって高めていくことにしました。

そして、生産性の向上を実現できた取り組みを全工場で共有することを進めました。これまでも発表会を開催することで取り組みを共有していましたが、今後は発表会の有無にかかわらず、成果が出たものやうまくいかなかった取り組みについて、いち早く情報を共有することにしました。

知識や経験の共有は、助け合う文化がないと実現されません。それまでのトップダウンのコントロールで管理されてきたタテ割り組織では、自分が苦労して得た経験は貴重な財産となるため、組織の中で昇進していくために他人に伝えず大事に守っていくという意識が強かったのです。

これを、「助け合う活動をする人を評価する」と、リーダーシップの評価項目に追加して、知識や経験の共有を促しました。

また、社内で情報の問い合わせ、共有を行なうナレッジマネジメント用の社内サイトを開設し、協力してくれた人に対する「いいね」ボタンも設定して、「いいね」の件数で助け合う活動をしている状況を可視化しました。

日本型組織の症状その12

振り返りをすると、できないことの反省ばかりでマイナス思考になっていませんか？　計画に固執していませんか？　後ろ向きの責任追及ばかりになっていませんか？

成功原則その12　「みなおす：ダブルループ学習の原則」

戦略を実行した結果を検証して、うまくいかなかった場合には「夢のビジョン」をピボット（軸足）にして戦略を見直していきます。これが「フィードバック」です。一度決めた戦略を変えず、計画に固執していては成功から遠ざかってしまいます。軸足をもとに戦略を見直し、場合によっては軸足そのものも変えていきます。「夢のビジョン」を軸足に方向転換・軌道修正して戦略を見直し続けるのです。そして成功を確信できるまでは、大きな勝負をしないように注意します。

シングルループ学習では、「夢のビジョン」（世界観）にしたがってOODAループを回して、その実現に努めます。その一方でダブルループ学習をすることで、「夢のビジョン」も含めた見直しをします。

ハイテク機器メーカーの事例（「症状その3」（208ページ）と同じ企業）

〈OODAループ導入前〉

この会社が改革を進めてきたところで、これまでの取り組みの成果を振り返ると課題が見えてきました。学習を軽視する風土のままだったのです。

それまで自律分散組織への転換をはかってきました。たとえば、営業部門やサービス部門では、顧客と接点を持つ現場が権限を持ち、顧客の視点に立って素早く行動するといったことを推進していました。

しかし、ある幹部は、それまでのトップダウンで部下に命令をする「メンタルモデル」を変えられず、現場の対応が悪いと従業員たちの責任追及をし、恫喝していました。この幹部の行動は以前も問題とされて、そのときは転勤という形で責任を取らされたのですが、すぐに現場に復帰して、同じ過ちを繰り返していたのです。

〈OODAループ導入後〉

この問題が判明したあとに、適材適所、信賞必罰、認知と戦略の過ち、そして「夢のビジョン」までを見直す「ダブルループ学習」を導入しました。

自律分散組織への転換になじめなかった幹部には、OODAループの研修を受けてもらうとともに、同じ過ちを起こすことのない別の部門（生産管理部門）に異動してもらいました。

また、この会社では先行して投入した新プロダクト群がうまく立ち上がったことから、OODAループを全面的に採用することになりました。

以上の12原則は単体ではなく、複数の関係する成功法則を包括的に適用することが前提になります。つまり、ケースごとに最適なさまざまな組み合わせがあるのです。

おわりに——OODAループで「考え続ける組織」に変わる

理論は不完全であり決して完全にはなり得ません。ジョン・ボイドは、OODAループを聖書や教義のように敬うことを戒めています。あらゆる分野から興味深い思考を学び、自分自身の考えを発展させることをすすめています。

「自ら考え続ける」ということは、ボイドが学んだ日本の兵法に通じるものです。宮本武蔵は『五輪書』で「この書物に書かれていることを、わが身にとっての書付けと心得て、ただ見るだけと思わず、親しむだけとも思わず物まねするのではなく、真に自分が見出した利とするように、常にその身になってよくよく工夫しなければならない」（此事に書付たるを我身にとって、書付を見るとは思はす、習ともおもはす、にせものにせずして、即、我こゝろより見出したる利にして、常に其身に成りて、能々工夫すべし／水之巻／鎌田茂雄訳、講談社学術文庫、１９８６年）と言っています。

鎌倉時代の武家の考え方から受け継がれ、徳川歴代将軍に仕え、弓馬礼法を伝えてきた小笠原流でも、自ら考え身につけることを重んじており、武士道の根底にある考え方になります。

同様に、ボイドもＯＯＤＡループを金科玉条のごとく永遠に使えと言っているのではなく、各人が本質的に理解することで、考え方を自分のものにして、時代や環境の変化にしたがって、その場その場で対応していくようにアドバイスします。

世の中には多くのノウハウ、スキルの理論があふれています。しかし、そのようなノウハウ本に頼っているだけでは、コトの本質を見逃し、形式的な理解に終わってしまいかねません。それらを参考にするとしても、最後は自ら考え、学習することで、自分を成長させることが重要なのです。

私は、シリコンバレーで仕事をし、日本を代表する企業に関与させていただく中で、日本再興のためにはＯＯＤＡループが重要な役割を演じるのではないかと確信するようになりました。そして組織文化をつくり変えることが成長への一番の近道と考えＯＯＤＡループのコンサルティングをさせていただいております。

ジョン・ボイドが残したプレゼンテーション資料や講演録、論文、彼が参考にした文献、そしてボイドの同僚やその分野の専門家が書いた書籍などを読み込むと、ボイドがどのような考えでＯＯＤＡループの理論にたどり着いたかがわかってきました。ボイドが作り出したＯＯＤＡループは、宮本武蔵の『五輪書』をはじめ、鎌倉時代にできた日本の兵法を研究し大きな影響を受けているのです。加えて、ボイドはトヨタ生産方式にも注目し、アメリカ軍で行なわれたワークショップでは熱心に議論しています。

一方、「トヨタ生産方式の父」といわれる大野耐一氏も宮本武蔵をはじめとする日本の兵法を熱心に研究されていたと伝えられています。

つまり、ＯＯＤＡループそしてトヨタ生産方式は、日本の兵法に影響を受けたものだったのです。

今や世界の軍事戦略を一変させ、ビジネスや政治の世界でも適用されてきているＯＯＤＡループ。これは、あらゆる分野に適用できる戦略の一般理論です。現在、軍事領域ではＯＯＤＡループに基づいて、次世代戦闘機が開発され、ロボティクスと人工知能ＡＩを適用したマシンＯＯＤＡループが研究されています。アメリカの人工知能ＡＩの開発においてもＯＯＤＡループが使われています。

今回ご紹介した組織に適用されるＯＯＤＡループは、常に変わり続ける状況に対応するための組織の戦略理論です。

自分の世界観「夢のビジョン」を持ち、組織であればそれを全員で共有し、その世界観を状況に合わせて常に更新しながら、「相手（顧客やライバル企業）の思い」を探り、相手の心をどのような状態にするかを決めて動くことです。これを組織のメンバーが身につけ、主体的に動けるようになることで、現在のビジネスシーンで求められているワクワクして「すぐ決まる組織」に変わっていきます。

本書が刊行できましたのは、ご先祖、家族、クライアントの方々、諸先輩、ファームのパートナーとスタッフ、フォレスト出版の皆さん、本書構成の松井克明様、プロデュース&編集協力の貝瀬裕一様をはじめ多くの方々からいただいたご支援、ご指導の賜物です。深く心からお礼申し上げます。

この本が、皆様の組織改革の一助になり、日本再興に資することを願ってやみません。

2018年10月　入江仁之

※本書執筆にあたり参考にした、あるいは引用した文献は数百におよびます。紙面の制約から、これら参考文献と出典の詳細を左記ホームページに掲載いたします。参照ください。

http://iandco.jp/ooda/management

入江仁之（いりえ ひろゆき）
アイ&カンパニー・ジャパン代表　経営コンサルタント、経営者
米国シスコ本社の戦略担当部門マネージングディレクターとしてエコシステムの構築をグローバルで指揮。外資系戦略コンサルティングファームの日本・アジア代表を歴任。PwCコンサルティングでは、アンダーセンとKPMG統合を行ない、1000人規模のコンサルティングファームの構築を統括。また、EYコンサルティングにおいては、赤字だった日本法人を1年で世界最高の利益率を誇る事業に転換。現在は、アイ&カンパニー代表として、2000年代半ばから、OODAループをはじめとする全体最適・自律分散の先進的な経営モデルの提言と導入を主導。これまでにのべ1万人以上がOODAループを体験し、すべての導入企業が生産性の劇的かつ持続的な向上を実現している。主なクライアントは、トヨタ自動車、日立製作所、GE、NTTをはじめ、IT、消費財などの日米の各業界を代表する企業。
アイ&カンパニー（ http://iandco.jp）
トップマネジメント・コンサルティングファーム
私たちのビジョンは、輝かしい希望と活気に満ちあふれるワクワクする組織・社会にしていくことです。

「すぐ決まる組織」のつくり方

2018年11月21日　初版発行

著者　入江仁之
発行者　太田 宏
発行所　フォレスト出版株式会社
〒162-0824　東京都新宿区揚場町2-18　白宝ビル5F
電話　03-5229-5750（営業）
03-5229-5757（編集）
URL　http://www.forestpub.co.jp

印刷・製本　日経印刷株式会社

ISBN978-4-86680-009-7　Printed in Japan